Ein Buch aus dem Verlag

die PIRSCH

unsere Jagd

BLV JAGDPRAXIS

BRUNO HESPELER

NACHHALTIG JAGEN

ZEITGEMÄSSE WILDBEWIRTSCHAFTUNG

blv

Bibliografische Information
Der Deutschen Bibliothek

Die Deutsche Bibliothek verzeichnet diese Publikation in der Deutschen Nationalbibliografie; detaillierte bibliografische Daten sind im Internet über http://dnb.ddb.de abrufbar.

BLV Verlagsgesellschaft mbH
München Wien Zürich
80797 München

BLV Jagdpraxis

Umschlaggestaltung:
Studio Schübel, München
Titelfoto: Stefan Völkel, Bad Berleburg
Rückseite: Stefan Meyers/GDT
Lektorat: Gerhard Seilmeier
Herstellung: Peter Rudolph
Layout-Konzeption:
Gaby Herbrecht, Mindelheim
Layout: Anton Walter, Gundelfingen
DTP: Christian Walter, Gundelfingen
Reproduktionen:
Repro Ludwig, A-Zell am See

Gedruckt auf chlorfrei gebleichtem Papier

Printed in Germany ·
ISBN 3-405-16330-7

Bildnachweis:
Hg. Arndt: 70, 94, 122
S.-E. Arndt: 125 li., 110
Bloch: 56
Breuer: 88
Danegger: 31, 68, 109, 116, 117
Hassenpflug: 104
Hespeler: 2/3, 8, 23, 28, 30, 32, 33, 40, 42, 46, 47, 48 u., 48 o., 51 o.l., 51 o.r., 51 u.l., 51 u.r., 57, 62, 64, 67, 74, 75, 82, 85, 114
Hess: 52
Hopf: 35, 54, 72, 103
Kalden: 123
Magyar: 120
Marek: 59, 69, 91, 104
Morerod: 17, 95
Meißner: 43
Meyers: 71, 92
Nagel: 89, 121
Radenbach: 45, 99
Rogl: 26
Schiersmann: 78, 100, 125 re.
Schilling: 77
Schneider: 16
Volkmar: 13, 86
Zmölnig: 80, 97, 124

Vignetten von Dr. Jörg Mangold

Weiser sagen mehr als Zählungen 45

Rückrechnungen 60

Sonstige Möglichkeiten der Wilderfassung 64

Einleitung

Rückblick

Lange Zeit hat sich der Jäger wenig Gedanken über die Erfassung von Wildbeständen gemacht. Er nutzte was vorhanden war. Gab es von einer Art viele Tiere, erbeutete er auch viele. Gab es wenig und wurde der Aufwand zur Erbeutung unrentabel, verlor er schnell das Interesse daran. Niederwild gab es bis in die erste Hälfte des 20. Jahrhunderts hinein meist so viel, dass die Nutzung mitunter zur Belastung wurde. Es ist für uns Heutige schwer vorstellbar, dass die Bauern vor rund hundert Jahren vielerorts über die zur Plage werdenden Rebhühner jammerten, und die Jäger schon im August mit der Hühnersuche begannen, um der vielen Hühner Herr zu werden. Aber so weit müssen wir ja gar nicht zurück greifen. Selbst nach dem zweiten Weltkrieg gab es in Deutschland noch Reviere, in denen die Jäger wegen der von den mehr als zahlreich vorhandenen Fasanen verursachten Wildschäden

Vor hundert Jahre hat es kaum jemand interessiert, was und wie viel der Jäger geschossen hat. Und je seltener seine Beute war, umso höher stieg sein Ansehen in der ländlichen Bevölkerung.

unter Druck gerieten. Solche »Probleme« sind uns fremd. Selbst in Gebieten mit überwiegend bäuerlicher und kleinstrukturierter Landwirtschaft gingen die Niederwildbestände deutlich bis dramatisch zurück.
Bis vor einem halben Jahrhundert besiedelten Rebhühner aber auch Landschaften, die heute auf Grund ihrer Höhenlage oder ihres Klimas als absolut untauglich für diese Wildart gelten. So im bayerischen Alpenvorland, etwa im Unterallgäu oder inneralpin. In Kärnten, der Steiermark, in Südtirol und der Schweiz gab es in weit über 1000 m Seehöhe gute, bejagbare Rebhuhnbestände. Mancherorts überschnitten sich sogar die Lebensräume von Reb- und Steinhühnern. Doch dann zogen die Einödbauern von den Hochlagen ins Tal, und wo vorher Getreide und Kartoffeln angebaut wurden kam die Fichte oder die Almwiese. Doch auch drunten in den Tälern wich die Vielfalt der Einfalt.
Wer mag sich vorstellen, dass sich noch in der Mitte des 20. Jahrhunderts, in Revieren um die steirische Landeshauptstadt Graz herum in über 1000 m Seehöhe Hasentreibjagden lohnten? Rehe waren dort zur selben Zeit freilich rar.
Die große Zeit des Schalenwildes brach hingegen erst in der zweiten Hälfte des 20. Jahrhunderts an. Kein Mensch kann sich vorstellen, dass es in Deutschland vor rund 50 Jahren noch nahezu rehwildfreie Landstriche gab! Heute ist Europa, sieht man von Teilen Skandinaviens ab, fast flächendeckend von Rehen besiedelt. Trotzdem machte sich vor hundert Jahren kaum jemand Gedanken um eine Übernutzung von Reh- oder Rotwildbeständen oder über Geschlechterverhältnis und Altersstruktur. Gerade dort, wo eine Art selten war, wurde jedes auftauchende Stück mit Nachdruck bejagt. Die Mindestgrößen der bäuerlichen Eigenjagden waren vor Inkrafttreten des Reichsjagdgesetzes gering und entsprachen der Fläche einer größeren Landwirtschaft. »Größer« freilich nicht im heutigen Sinne – ein Hof mit 16 Hektar nannte sich bei uns bereits »Gut«, und wenn die Flächen arrondiert waren, bildeten sie eine Eigenjagd.
Und wehe ein Reh hinterließ irgendwo seine Fährte! Da saß der Bauer im Herbst und Winter Mondnacht für Mondnacht, mit einem Kälberstrick gegen Absturz gesichert, im Apfelbaum auf Vorpass. In den Lagern seiner Hahnflinte steckten dann Patronen mit grobem Hagel. Und wenn seine eulengleiche Hockerei irgendwann von Erfolg gekrönt war, dann bot sie noch über Monate und manchmal Jahre Gesprächstoff. Daneben gab es aber

selbst unmittelbar nach der 48er-Revolution und in der ersten Hälfte des 20. Jahrhunderts zahlreiche Reviere des Adels und des neureichen Bürgertums mit überaus hohen Schalenwildbeständen. Vor allem war es immer ein Anliegen der Forstbeamten (von wenigen Ausnahmen abgesehen) gute, sprich hohe Schalenwildbestände heran zu hegen.

Die Erfindung des Abschussplans

Eine formale Abschussplanung beim Schalenwild kennen wir erst seit rund 80 Jahren. Als erstes Land verankerte sie Preußen in der Jagdnutzungsanweisung seiner Landesforstverwaltung. Allgemein, also für das gesamte damalige Reichsgebiet, wurde der Abschussplan erst durch das 1934 in Kraft tretende Reichsjagdgesetzt eingeführt, das 1938 auch in Österreich Gültigkeit erlangte. Bis dahin schoss jeder Revierinhaber nach eigenem Gutdünken und Gefühl. Das führte zwar in manchen Revieren, vor allem dann, wenn eine Neuverpachtung vor der Tür stand und der Altpächter befürchten musste auszuscheiden, immer wieder zu starken Aderlässen und lokal geringen Wilddichten. Insgesamt aber stiegen die Wildbestände – das beweisen Streckenaufzeichnungen – bereits vor Einführung des Abschussplans an.
Mit der verbindlichen Einführung der Abschussplans war die Einteilung des Wildes in bestimmte Alters- und Güteklassen verbunden. Diese orientierten sich jedoch keineswegs an den Bedürfnissen des Wildes oder an biologischen Gegebenheiten, sondern ausschließlich an Trophäenwünschen. Beim Rotwild ging es primär um den zum Kultobjekt hochstilisierten Kronenhirsch. Dies obwohl Stärke und Form eines Hirschgeweihes keinen Einfluss auf die Rangstellung seines Trägers haben und mit dessen Überlebenstüchtigkeit in keinem kausalen Zusammenhang stehen. Beim Gamswild wurden die Abschussrichtlinien, die ja Bestandteil des Abschussplanes waren und sind – auf die Krucken ausgerichtet. Diese sollen möglichst weit gestellt, gut gehakelt, hoch und stark im Durchmesser sein. Doch auch sie haben für das Gamswild selbst keine große Bedeutung. Als Abwehrwaffen gegenüber Feinden werden sie kaum gebraucht; innerartliche Auseinandersetzungen werden weitgehend rituell entschieden. So hängt auch die Rangstellung eines Gamsbockes nicht von der Stärke oder Auslage seiner Krucke ab; ebenso wenig dient diese dem persönlichen Erkennen der Tiere untereinander. Vielmehr kommt den Krucken die Funktion eines Schutzhelmes gegen Steinschlag zu.

Entwicklung der Rehwildstrecken von 1936–2001 (Alte Bundesländer)

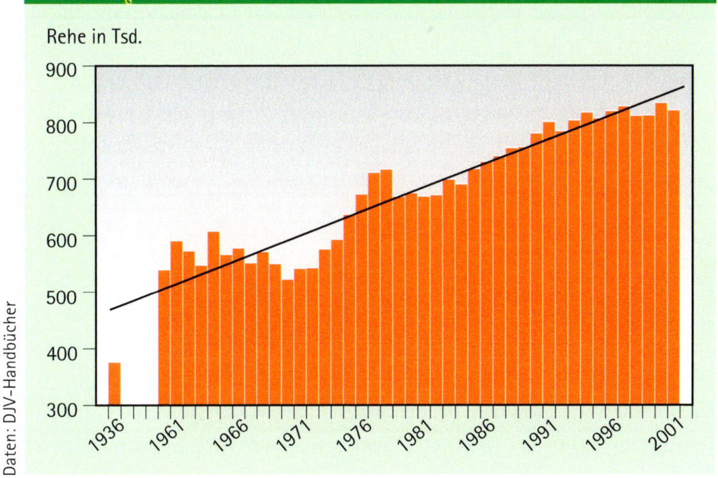

- Seit 1936 Verdoppelung der Rehwildstrecken in den Alt-Bundesländern, Vervielfachung in einzelnen Landkreisen.
- Abschuss europaweit überwiegend im Bereich der kompensatorischen Sterblichkeit.
- Begünstigung durch intensive Forstwirtschaft (Grenzlinien, Licht).
- Begünstigung durch Umwelteinflüsse (Verlichtung der Kronendächer, Nitrateintrag).
- Ankurbelung der Reproduktion durch intensive Jagd.

Für den Rehbock wurde der heute eher lächerlich wirkende Begriff »Hirsch des kleinen Mannes« erfunden. Gleichzeitig übertrug man – entsprechend reduziert – jägerische Wertvorstellungen vom Hirsch auf den Rehbock. So wurde das Zielalter eines »Erntebockes« auf fünf und teilweise auf sechs Jahre festgelegt, analog dem doppelt so großen Hirsch, dessen Erntealter – wildbiologisch begründbar – heute noch zehn oder zwölf Jahre beträgt. Das Erntealter hatte aber auch noch einen anderen Grund. Sechs Jahre betrug nämlich ursprünglich die Mindestpachtzeit. Der Jagdpächter sollte genug Zeit haben, sich seine Ernteböcke selbst heran zu hegen.
Wenn es um Schalenwild ging, glaubte der Jäger immer rechnen und »verwalten« zu müssen. Er erfand »Frühjahrswildbestände« – die er gar nie kannte und nie halbwegs brauchbar erfassen konnte, und machte sie zur Grundlage von Abschussplänen, mit denen er nicht einmal den Zuwachs

nutzte! Er ersann »zulässige Höchstwilddichten«, obwohl er eigentlich hätte wissen müssen, dass es ihm nie gelingen konnte, die Wilddichte auch nur annähernd zu ermitteln. Letztlich ist diese heute noch in den meisten Schalenwildrichtlinien herumspuckende »zulässige Höchstwilddichte« aber auch von zahlreichen örtlichen Umständen abhängig, die kaum ohne aufwendige Untersuchung eines jeden Einzelfalles erfassbar sind. Vor allem aber gibt es gar keinen vernünftigen Grund, Wilddichten nach Zahl verwaltungsmäßig festzuschreiben.

Es ist schließlich völlig gleich, wie viele Rehe, Hirsche oder Gämsen irgendwo leben, so lange diese nicht körperlich kümmern und/oder ihren Lebensraum übernutzen!

Die Übernutzung des Lebensraumes spiegelt sich klar an der Waldverjüngung und an Schälschäden. Bei den Rehen haben wir heute vielfach (trotz oder gerade wegen der Fütterung) Kümmerwuchs. Bei den Gämsen treten an Stelle des verantwortungsbewussten Jägers die Räude, die Gamsblindheit und die Papillomatose.

Die Abschussplanung beim Schalenwild versucht Kontinuität zu schaffen. Die Grund-Wildbestände sollen sich nicht wesentlich verändern. Genutzt werden soll der Zuwachs. In Wirklichkeit hat die Natur bei Nieder- wie bei Schalenwild langfristig immer für ein Auf und Ab gesorgt. Nie hielt die Natur Wildbestände stabil!

Niederwild: leichter erfassbar

Auch beim Niederwild sucht der verantwortungsbewusste Jäger nach brauchbaren Hinweisen zur Nutzungshöhe. Doch vor 30 Jahren hat sich – außer dem betroffenen Revierinhaber – kein Mensch für die Hasendichte in »A-Dorf« interessiert. Wer seinen Hasenbestand übernutzte hatte selbst Schuld und das Nachsehen. Noch war insgesamt so viel Niederwild da, dass sich gelegentliche Übernutzungen oder wetterbedingte Einbrüche rasch wieder ausglichen.

Heute leben wir in einer Mediengesellschaft und plötzlich interessiert sich die Öffentlichkeit für den Hasenbesatz in »Hinterwälderhausen«. Und mit unserem leichtfertigen Gerede vom aussterbenden Niederwild und unseren Forderungen nach Abschuss von Bussard und Habicht zur Erhaltung des

Niederwildes, haben wir die Niederwildjagd einem generellen Verbot verdammt nahe gebracht!
Nein – der Hase stirbt nicht aus, auch dann nicht, wenn er sparsam und *überlegt* bejagt wird. Aber ein Großteil dessen, was früher die Jäger schossen, wird heute von landwirtschaftlichen Maschinen und Kraftfahrzeugen geerntet! Umso wichtiger ist es, dem Jäger einen verantwortungsvollen Umgang mit den Hasenbeständen nahe zu bringen. Und im Gegensatz zum Schalenwild können wir Feldhasen »zählen«, jedenfalls in den typischen Niederwildrevieren. Natürlich nicht wirklich exakt, aber doch in einer brauchbaren Dimension, die über die Jahre hinweg einen Trend erkennen lässt. Neu sind diese Empfehlungen kaum, aber Beachtung fanden sie bisher eher selten.
An dieser Stelle muss an die bundesweit angelaufenen Erhebungen der Niederwildbestände erinnert werden, die zu unterstützen sind.

Rehwild gleicht Verluste durch erhöhte Reproduktion und Verschiebung des Geschlechterverhältnisses schnell wieder aus.

Alle Wildarten – Wert oder Unwert von Zuwachsraten

Die meisten Schalenwildrichtlinien der Länder nennen Zuwachsraten, die sich auf das am 1. April vorhandene weibliche Wild beziehen. Derartige Zahlen sind aber von bescheidenem Wert. So wird der Rehwildzuwachs im Hochharz wahrscheinlich geringer sein als am Niederrhein. Und er kann auch, wie uns ein Beispiel UECKERMANNS zeigt, von Jahr zu Jahr ganz erheblich schwanken (siehe Tabelle unten). Er ermittelte beispielsweise von 1951 bis 1958 in einem 75 ha großen, mit einer Mauer umgebenen Revier alljährlich den Rehwildzuwachs. Die Rehe waren markiert und daher die Wilddichte bekannt. Der Zuwachs schwankte in diesen acht Jahren zwischen 129 % und 74 % der am 1. April vorhandenen Geißen und Schmalrehe (siehe Tabelle). Es zeigte sich dabei deutlich eine Abhängigkeit der Zuwachsrate von der Wilddichte. Welchen Wert aber haben amtlich festgelegte Zuwachsraten für die Findung der Abschusshöhe, wenn sie in der Praxis um fast 100 % schwanken können? Auch WOTSCHIKOWSKY berichtet über unterschiedliche Zuwachsraten und zwar im Forschungsrevier Hahnebaum in Südtirol. Bei hoher Rehwilddichte überlebten dort pro zehn Geißen nur drei Kitze. Rein rechnerisch wären 13 möglich gewesen. Bei abgesenkter Wilddichte überlebten bereits sieben Kitze pro zehn Geißen. Der Jäger in seinem Revier weiß davon nichts, allenfalls empfängt er draußen »Eindrücke«, die zwar richtig sein , aber auch eben so oft gewaltig täuschen können. Doch selbst wenn die Zuwachsraten relativ konstant blieben, wären sie ohne annähernd genau bekannten Grundbe-

Jahr	Zuwachs in Prozent der am 1. April vorhandenen Geißen und Schmalrehe	Wilddichte je 100 ha
1951	129	17
1952	125	12
1953	117	20
1954	100	28
1955	80	37
1956	90	44
1957	100	40
1958	74	40

stand wertlos. Der ist aber, zumindest beim Schalenwild, völlig unbekannt. Keiner von uns kann sagen, wie viele Rehgeißen sich in seinem Revier herumtreiben und dort ihre Kitze setzen werden.
Immerhin lassen sich die Frühjahrsbestände der Hasen und Fasane etwas leichter und genauer einschätzen als die von Sau und Hirsch. Dafür ist aber beim stark wetterabhängigen Niederwild mit noch größeren Zuwachsschwankungen zu rechnen als beim relativ unempfindlichen Schalenwild. Ein verregnetes Frühjahr und ein darauf folgender nasser Sommer können den Hasenzuwachs auf null drücken. Wer sich dann auf seine Frühjahrszählung verlässt, seinem gezählten Grundbestand 50 % Zuwachs zuschlägt und fröhlich zu jagen anfängt, der erreicht an einem einzigen Jagdtag mehr als Habicht & Co. im ganzen Jagdjahr!
In der Vergangenheit wurde die mögliche Nutzung von Wildtieren über den (meist nur vermeintlich) ermittelten Grundbestand und Zuwachsprozente ermittelt. Letztere wurden zumindest beim Schalenwild verbindlich für bestimmte Landschaftsräume festgelegt und waren dann Bestandteil der jeweiligen Richtlinie. Beim Niederwild haben wir längst eingesehen, dass wir mit solchen Zuwachsprozenten wenig anfangen können, weil vor allem das Wetter darüber entscheidet, wie viele Junghasen oder Jungfasane bis zum Herbst überleben. Aber beim Schalenwild hängen manche immer noch diesen unsinnigen Rechenmodellen nach, obwohl auch hier der Zuwachs ganz gewaltig schwanken kann.
Verwirrend war und ist auch, dass sich die Prozentangaben teilweise auf den Gesamtbestand an weiblichem Wild, also einschließlich der weiblichen Kitze/Kälber beziehen, in anderen Fällen aber nur auf bereits fortpflanzungsfähige Stücke.
Es ist eben nicht so, dass etwa bei den Rehen im Flachland und Mittelgebirge der Zuwachs sozusagen »sturheil« 120 % der am ersten April vorhandenen Geißen und Schmalrehe beträgt. Der Anteil der Kitze hängt entscheidend von der Kondition der Mütter ab. Wir wissen längst, dass die Zahl der zur Befruchtung bereitgestellten Eier mit dem Gewicht des jeweiligen Muttertieres korreliert. Bei unterkonditionierten Tieren werden überdies befruchtete Eier resorbiert, können sich also gar nicht in der Gebärmutter einnisten.
Zusätzlich limitiert auch beim Schalenwild die Witterung den Zuwachs. Das macht sich beim Reh- und Gamswild sicher stärker bemerkbar als bei Rot- und Damwild. Wir können hier auch nicht, wie es früher gemacht wurde,

einfach nach Höhenstufen zuordnen. Es kann durchaus sein, dass es in insgesamt milden Lagen während der Hauptsetzzeit der Kitze anhaltend regnet und kalt ist, während es zwei oder drei Wochen später im Hochgebirge, wenn dort die Geißen setzen, trocken und angenehm ist. In einem solchen Jahr kann der Zuwachs im sanften Mittelgebirge geringer sein als in den Hochlagen.

Selbst beim Rotwild bleibt der Zuwachs nicht konstant, ja nicht einmal innerhalb eines ganz bestimmten Gebietes. REULECKE verweist auf einen Anstieg der Schmaltiere mit Embryonen im Harz von 16 % auf 61 %. Bei den zweijährigen Tieren stieg der Anteil der beschlagenen von 61 % auf 100 %. Er nennt dafür als mögliche Ursachen

1. die herabgesetzte Wilddichte,
2. oder das gute Nahrungsangebot auf Kahlflächen nach katastrophalen Sturmwürfen,
3. oder eine Folge milder Winter,
4. vermutlich jedoch die Summe der genannten Einflussgrößen.

Wenn ich an die überaus rotwildreichen Jahre meiner beruflichen Anfänge zurück denke, dann fanden sich damals in den Kahlwildrudeln wohl ebenso

Auerhähne ließen sich leicht zählen, aber das hat sie nicht vor einem dramatischen Rückgang und dem Erlöschen der meisten Vorkommen bewahrt.

Auch Birkhähne sind relativ leicht zu zählen, weil sie sich zur Kommunalbalz (Gemeinschaftsbalz) treffen und die Balzplätze traditionell beibehalten werden.

viele »überständige« Schmaltiere (solche, die im zweiten Lebensjahr nicht aufgenommen hatten) wie reguläre Schmaltiere.

Ebenso waren wir immer angewiesen, bei den Alttieren bevorzugt »Gelttiere« zu erlegen. In der Tat fanden sich solche meist ohne große Mühe. Allerdings waren es keineswegs, wie zu erwarten wäre, immer die ältesten Stücke. Mehrheitlich war ihre körperliche Verfassung für das Nichtführen verantwortlich, nicht ihr Alter. Es ist folglich beim Rotwild nicht anders als beim Rehwild: Hohe Bestandsdichten (bezogen auf die jeweilige Lebensraumqualität) gehen zu Lasten der Kondition und bedingen geringe Zuwachsraten. Daher wäre, ehe wir mit Zuwachsprozenten arbeiten, nicht nur eine halbwegs zutreffende Kenntnis des Grundbestandes, sondern auch eine den Durchschnittsjäger fachlich und zeitlich überfordernde Analyse des jeweiligen Rotwildbestandes hinsichtlich der Kondition notwendig.

Doch es kann uns auch ziemlich egal sein, ob wir den Zuwachs dieser oder jener Schalenwildart in unserem Revier kennen oder nicht. Als Weiser für die mögliche und notwendige Nutzung dienen der Vegetationszustand und die Kondition des Wildes. In vielen Fällen wird sogar eine höhere Nutzung sinnvoller sein als »technisch« machbar ist.

Zählung von Schalenwild-beständen?

Man weiß, dass man nichts weiß

Es ist über ein halbes Jahrhundert her, seit man begann, Schalenwild zu zählen. Und man mag es nicht glauben, aber in weiten Teilen des deutschsprachigen Raumes halten Behörden und teilweise auch die Jäger an diesem Unfug bis heute fest. Dabei muss es uns beim ersten Blick in die Jagdstatistik wie Schuppen von den Augen fallen, dass die ganze Zählerei überall gewaltig in die Hosen ging. Denn es wäre nicht möglich, dass die Strecken über Jahrzehnte hinweg europaweit steigen, wenn zumindest der Zuwachs genutzt worden wäre. Grundlage der Nutzung war aber immer die Zählung des Frühjahrswildbestandes. Vom gezählten Grundbestand ausgehend wurde der Zuwachs berechnet.

Nicht nur die Entwicklung der Strecken aller Schalenwildarten zeigt überdeutlich die Unmöglichkeit einer auch nur annähernd brauchbaren Zählung. Beim Rotwild ermöglichten Rückrechnungen auf ein bestimmtes Geburtsjahr das Erkennen von Mindest-Dunkelziffern. Beim Rehwild hingegen brachten sowohl Markierungsaktionen Licht ins Dunkel, als auch die vergeblich versuchten wie die erfolgreichen Totalabschüsse. Bei solchen experimentell durchgeführten Totalabschüssen kam fast immer das Mehrfache dessen zur Strecke, was vorher gezählt oder geschätzt wurde. Selbst reine Feldrehe sind nicht wirklich korrekt zu erfassen, weil sich die Zusammensetzung der Sprünge laufend ändert [z. B. STRANDGAARD 1966].

Auch beim Rotwild gibt es eine ganze Reihe von Beispielen, wo in Zusammenhang mit der Auflösung von Rotwildgebieten alles vorhandene Wild erlegt werden sollte. Wenn es überhaupt gelang, dann nur nach vielen Jahren intensivster Jagd. In anderen Fällen, etwa beim Ebersberger Park (Oberbayern), setzte die Resignation der Beteiligten und neue, wildbiologisch fundierte Konzepte dem angeordneten Totalabschuss ein Ende. Auch wenn man unterstellt, dass nicht jeder Mitarbeiter die Zielvorgaben seines Dienstherrn besonders freudig ansteuerte, dann wurde doch zumindest eines deutlich: Nicht einmal in einem Großgatter ist man in der Lage, das Rotwild zu zählen!

Rotwildabschüsse Ebersberg Park (Bayern)*

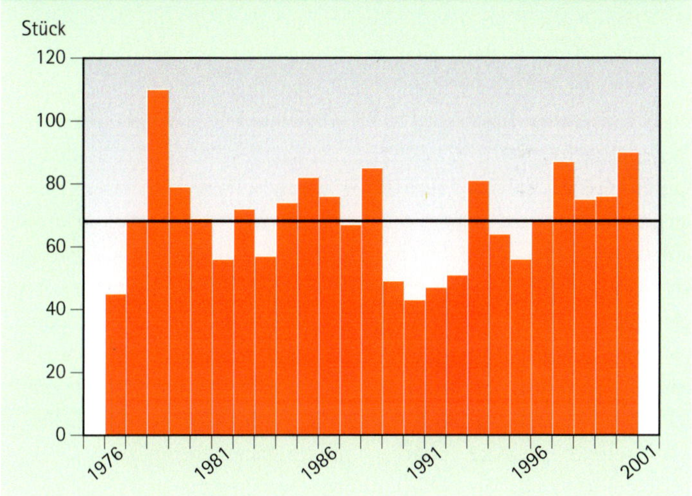

*Versuch eines Totalabschusses 1976–2001.

Wie geradezu dramatisch die Rotwildzählung in die Hosen ging und wie unbrauchbar oder sagen wir unmöglich die Erfassung von Futterwild- oder Frühjahrsbeständen ist, wird im Alpenraum besonders deutlich. So verweist ZEILER (1992) darauf, dass die Rotwildverbreitungsfläche alleine in Tirol in den 30 Jahren von 1946 bis 1975 um 322.000 ha zunahm. In Kärnten nahm die Rotwildverbreitung nach Angaben der Forstlichen Bundesversuchsanstalt im selben Zeitraum um 257.000 ha zu. Längst drängt das österreichische Rotwild, dessen Zuwachs nicht genutzt worden sein kann, massiv nach Norditalien. Inzwischen ist Südtirol fast vollständig von Nord- und Osttirol sowie von Kärnten aus besiedelt worden. Und auch in der vor dem Krieg noch rotwildfreien Schweiz haben die vierläufigen Immigranten aus dem Nachbarland inzwischen weite Teile des alpinen Raumes erobert.

Zählung bei Pirsch und Ansitz

Auch sehr ungenaue Rehwild-Zählungen wären nicht unbedingt wertlos, ließe sich eine annähernd fixe Dunkelziffer zuschlagen. Nach allen bisherigen Erfahrungen ist das jedoch nicht der Falle. Ziemlich sicher ist nur, dass die Dunkelziffer mehrheitlich im Bereich von 100 % aufwärts liegt. Selbst der ehemalige DJV-Vizepräsident Neuhaus meinte in dem von ihm bearbeiteten Standardwerk »Raesfeld – Das Rehwild«, man müsse den Angaben der Revierinhaber wohl 100 % zuschlagen. Die Dunkelziffer kann aber, wie uns Beispiele zeigen, durchaus auch 300 % betragen. Damit lässt sich nichts anfangen. Und selbst wenn es anders wäre, so wären die meisten Jäger mit aufwändigen Zählungen schon rein zeitlich überfordert. Auch die Beschränkung von Zählungen auf Teilbereiche eines Reviers oder gar Hegerings, mit dem Ziel wenigstens einen Trend zu ermitteln, hilft kaum weiter. Sie würde voraussetzen, dass die Verhältnisse im jeweiligen Zählgebiet über Jahre hinweg absolut konstant blieben. Dabei sind Veränderungen, welche die Sichtbarkeit des Rehwildes beeinflussen können, für den Jäger gar nicht immer so ohne weiteres erkennbar. Tatsächlich können sogar Änderungen *außerhalb* des betreffenden Reviers die Sichtbarkeit sowohl reduzieren als auch erhöhen. Überdies müsste die Situation an den Zähltagen der einzelnen Jahre vergleichbar sein, insbesondere was die Wetterlage und die Frequentierung des Reviers durch Landwirte und Erholungssuchende betrifft. Überdies ändert sich die Aktivität der Rehe und damit auch ihre Sichtbarkeit im Laufe des Jahres ständig. Ferner wissen wir aber auch aus der jägerischen Praxis um den Einfluss von Mondphase und Wetterlage auf die Sichtbarkeit.
In den 80er-Jahren versuchte ich im Gießwald alljährlich an einer fixen Zahl von Tagen in der zweiten April- und ersten Maihälfte die Böcke zu »registrieren«. Dies wohl wissend, dass man Rehe nicht zählen kann. Mir war auch klar, dass es ein »Spiel« mit zahlreichen Unbekannten war, die das Ergebnis verfälschen konnten. Es ging mir also keineswegs darum zu erfahren, wie viele Rehe exakt im Gießwald lebten; nur einen langfristigen Trend wollte ich erkennen. Da unsere Rehe nicht markiert waren, beschränkte ich mich auf das Zählen jener Böcke, die mit wenigen Worten und einfachen Skizzen zu erfassen waren. Ich ging davon aus, dass die Quote der »Undefinierbaren«

Entwicklung der Rehwildstrecken im Sulzschneider Forst 1953–2001

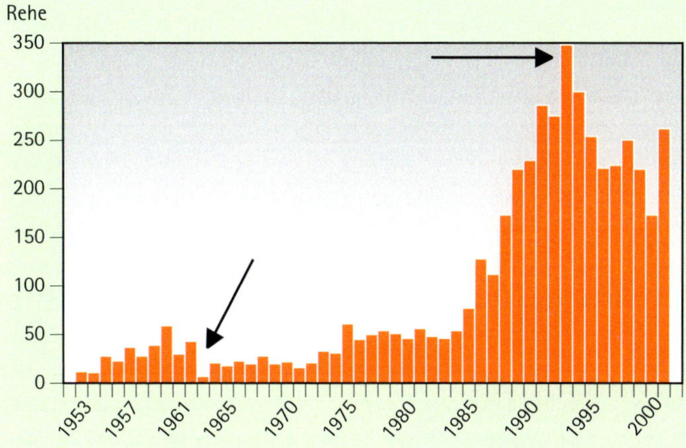

Minimal 7 Rehe erlegt (1963), maximal 348 Rehe (1993)

Daten: FoA. Füssen

Bis Mitte der 80er Jahre resultieren die Abschüsse aus den alljährlich im Frühjahr durchgeführten Rehwildzählungen; später orientierten sich die Abschusspläne am Zustand der Waldverjüngung.

und »Unsichtbaren« von Jahr zu Jahr etwa gleich bleiben würde. Da wir den Abschussplan jeweils drittelten und ausnahmslos frühzeitig (Anfang Dezember) bis aufs letzte Stück korrekt erfüllten, hoffte ich, von den »gezählten« Böcken auf die vorhandenen Geißen schließen zu dürfen.

Das ging etliche Jahre ganz gut. Aber dann sanken die Beobachtungsergebnisse ziemlich abrupt nach unten. Man sah einfach immer weniger Rehe, obwohl der nicht eben geringe Abschuss nach wie vor relativ leicht und frühzeitig zu erfüllen war. Es standen in den Zählwochen einfach kaum noch Rehe in den Wiesen draußen. Auch das Verhältnis einjähriger zu mehrjährigen Rehen änderte sich nicht signifikant, weder bei den Beobachtungen noch bei den erlegten Rehen. Wäre der Anteil an Schmalrehen und Jährlingsböcken an der Strecke deutlich gestiegen, wäre das ein Zeichen dafür gewesen, dass wir vor allem Zuwanderer schossen. Doch die Struktur änderte sich nicht. Es mussten also genug »Stammrehe« vorhanden sein. Nur ließen sie sich draußen nicht mehr blicken. Gesehen wurden aber nach wie vor die Böcke im Wald.

Es hat lange gedauert, ehe mir die Ursachen – die rein gar nichts mit der Wilddichte zu tun hatten – bewusst wurden. Es war die Umstellung in der Käserei. Früher durften Bauern, deren Milch zu Hartkäse verarbeitet wurde, keine Silage verfüttern. So war es in den Wiesen bis zur meist um Pfingsten herum stattfindenden Heumahd ruhig. Doch dann wurde die Silagefütterung freigegeben. Die Silomahd findet jedoch viel früher statt als die Heumahd. Hinzu kam, dass immer mehr Bauern bereits im April einen Teil der Wiesen mähten, deren Gras kaum höher als 10 cm war und dieses künstlich trockneten und zu Grünmehl oder Pellets verarbeiteten. Dies obwohl es bei uns in manchen Jahren Mitte Mai noch auf die (nun bereits gemähten) Wiesen schneit. Waren es früher zwei Schnitte im Jahr (Heu- und Grummeternte), werden heute manche Flächen bis zu sechsmal gemäht. Niederschläge um die 1800 bis über 2000 mm und neueste Technik machen es möglich.
Ich habe dieses Beispiel aus der eigenen Praxis nur angeführt, weil es sehr viele Dinge gibt, die auf die Beobacht- und Zählbarkeit des Rehwildes gewaltigen Einfluss nehmen können, ohne dass wir uns ihrer immer bewusst sind.

Fütterungszählungen als Trendweiser?

Dass die Zählung bei den Rehen nicht funktioniert, wird ja inzwischen zugegeben. Aber beim Rotwild glauben doch noch erstaunlich viele Jäger an den Wert dieser Methode. Ja, im Mittelgebirge, in Odenwald und Eifel, da gesteht man vielleicht zu, nicht alles vorhandene Wild an den Fütterungen zu sehen. Aber im Hochgebirge, wo das Wild (angeblich) von der Fütterung abhängig ist, da muss es doch einfach zahlenmäßig erfassbar sein!
Dem ist aber – wie zahlreiche Beispiele beweisen – absolut nicht so. Lediglich im Wintergatter, nicht aber an freien Fütterungen lässt sich das Rotwild ziemlich genau zählen. Allerdings nur jenes, das sich auch tatsächlich im Gatter befindet. Die Erfahrung lehrt, dass besonders in milden Wintern einige »Außensteher« außerhalb überwintern.
Die eigene Praxis hat gezeigt, dass der sogenannte Futterwildbestand stark witterungsabhängig ist. Zählergebnisse werden aber auch durch viele andere Zufälligkeiten beeinflusst. Während meiner Dienstzeit bei der Staats-

forstverwaltung gab es allwinterlich zwei angeordnete Zähltage für den gesamten Rotwildring. Dabei war es so geregelt, dass an den Fütterungen im Staatswald zu festgelegter Zeit jeweils ein Bediensteter der Verwaltung zusammen mit einem Privatjäger zählte. Zumindest während meiner Dienstzeit war es fast immer so, dass deutlich weniger Wild an den Fütterungen gezählt wurde als wir später erlegten. An eine Erfassung des Grundwildbestandes war nicht zu denken! Wir konnten also mit unseren Zählungen nicht einmal einen Trend ermitteln, weil die Zählergebnisse der einzelnen Jahre witterungsbedingt zu stark schwankten. Wenn in einem Winter zwei Zählungen bei stark unterschiedlicher Wetterlage statt fanden, konnten auch deren Ergebnisse ganz gravierend auseinander triften. Sie ließen dann in ein und demselben Revier die bevorstehende Ausrottung ebenso befürchten wie einen deutlich überhöhten Wildbestand. Kein Wunder, dass die Rotwildbestände langfristig anstiegen. Dies obwohl Jahre hindurch mehr geschossen als gezählt wurde.
Und natürlich unterlagen die Zählungen der Manipulation. So fanden sich bei Schnee immer wieder Hinweise, dass am Nachmittag vor einer Zählung das Wild bewusst aus seinen Einständen vertrieben wurde, um die Zählergebnisse und damit die Abschussanträge möglichst niedrig zu halten. Interesse an möglichst hohen Rotwildbeständen (und somit geringen Bestands-

Nicht einmal im Hochgebirge, wo die Winter lang sind, lässt sich das Rotwild halbwegs exakt zählen. Wir haben Jahre hindurch weit mehr Rotwild erlegt als gezählt wurde, doch die Bestände stiegen weiter.

angaben!) hatten nicht nur Jagdpächter, sondern durchaus auch einzelne Verwaltungsangehörige. Was die Zählung in den angrenzenden Privatrevieren betraf, so waren Jahre später weit realistischere Zahlen zu hören. Es ist ja auch ganz logisch: Wer Angst hat, das Rotwild werde ausgerottet oder wer einfach einen höheren Bestand in seinem Revier haben will, der wird weniger angeben als er vermutet oder an den Fütterungen sieht – ganz abgesehen von der naturbedingten Dunkelziffer. Natürlich gab und gibt es auch Reviere, die es genau anders herum halten. Das sind vor allem die Klein- und Kleinstreviere ohne eigenen Rotwildbestand, die am »Abschusskuchen« mitnaschen wollen. Je mehr sie als Bestand angeben, umso größer ist die Chance beteiligt zu werden. Da traf oft das Phänomen auf, dass bei den Zählungen viel mehr Hirsche beobachtet wurden als Kahlwild. Vor allem erstaunte immer wieder die Zahl der alten »reifen« Hirsche, die in relativ kleinen Revieren angeblich vorhanden waren, während bei den Trophäenschauen eher selten ein wirklich alter Hirsch auftauchte! Auch scheinen

Entwicklung der Gamswildstrecke 1961–2001 (nur Bayern)

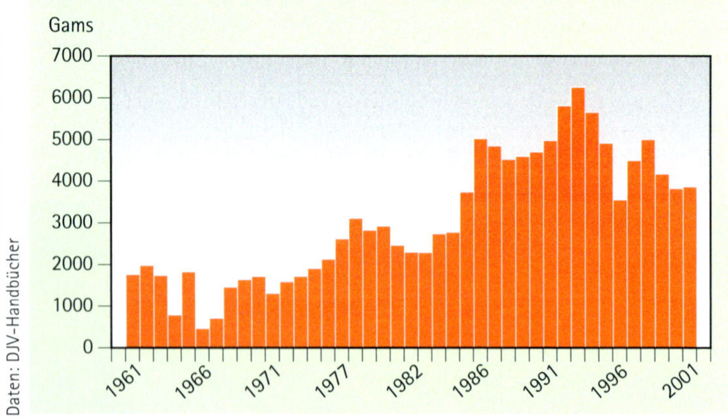

Trotz steigender Abschussquoten stiegen die durch Gams an der Waldverjüngung verursachten Schäden in den letzten Jahren an. Von einer Zunahme der Gamsbestände ist dennoch nicht auszugehen; die höheren Strecken zeigen nur, dass die Jäger den Zuwachs stärker nutzen und nicht mehr der natürlichen Mortalität überlassen. Intensive Bejagung und steigender Tourismus in den wenig schadensträchtigen Hochlagen drückt die Gams in die Bergwälder, wo sie erhebliche Schäden verursachen. Notwendig wären Ruhezonen in den Hochlagen und eine stärkere Verlagerung der Jagd in den Waldbereich.

Hirsche eine größere Schälneigung zu haben als Kahlwild. Dieser Eindruck entsteht jedenfalls dann, wenn es um zusätzliche Abschussanträge geht. Wenn man die seit Jahrzehnte laufenden Anstrengungen einzelner Rotwildgebiete um eine deutliche Reduktion betrachtet, dann festigt sich schon der Eindruck, längst nicht alle Beteiligten seien an einer solchen interessiert gewesen.

Im Mittelgebirge und Flachland ist die Zählung des Rotwildes an der Fütterung, wie eingangs schon gesagt, völlig Utopie. Denn in außeralpinen Lagen werden Fütterungen nur unregelmäßig und meist nur von einem Teil des vorhandenen Wildes besucht. Je kleiner die Rudel sind, umso vorsichtiger zeigen sie sich, und umso eher finden sie ohne Fütterung genügend Nahrung.

Wie zählt man offene Gesellschaften?

Auch beim Gamswild verlassen sich die Jäger heute noch fast überall auf die Zählung. Verwiesen wird auf die gute Sichtbarkeit dieser Wildart oberhalb der Baumgrenze und darauf, dass die Gams auch heute noch weitgehend tagaktiv leben. Betrachtet man jedoch die Entwicklung der Gamswildstrecken über einen längeren Zeitraum hinweg, dann wird schnell deutlich, dass die Zählerei auch nicht das Gelbe vom Ei war. Jedenfalls haben sich die Strecken dort, wo man inzwischen aufs Zählen verzichtet, teilweise vervielfacht. Die Erhöhung oder gar Vervielfachung der Strecken kann aber nicht Selbstzweck sein. Auch bei den Gams geht es darum, die Bestände gesund zu erhalten, Schäden am Lebensraum zu vermeiden und zu nutzen, was möglich ist. Trotzdem wird man die Dinge, verglichen mit Rot- und Rehwild, etwas milder sehen.

Es gibt keine festen Rudelgemeinschaften

Im Grunde gilt für die Gams nichts anderes als für die Rehe: Weder kann man sie wirklich zählen, noch ist bei Erstellung des Abschussplanes irgend etwas über den Zuwachs und über die natürlichen Abgänge im betreffenden Jagdjahr bekannt.

Bei den heute üblichen, eher geringen Reviergrößen und unter Berücksichtigung des Verhaltens der Gams machen *revierinterne* Zählungen ohnehin keinen Sinn. In vielen Gamsrevieren ändert sich die Wilddichte ja schon innerhalb eines Tages um weit mehr als den halben Bestand. Denn häufig wird bereits beim Wechsel von den in der Früh aufgesuchten Äsungsplätzen zu den schattigen Tageseinständen oder umgekehrt die Reviergrenze überschritten. Gams sind zudem auch nicht territorial wie die Rehe. Sie ziehen mitunter weit umher. Ihre Rudel sind offen. »Jedergams« kann kommen und gehen wann und wie er mag. Die Rudelzusammensetzung variiert. Wie aber kommt der Jäger zu brauchbaren Bestandszahlen, wenn ein Rudel heute aus 42 Tieren besteht und übermorgen aus 36?
Noch schwerer wiegt, dass Gams auch in relativ übersichtlichem Gelände nur unzuverlässig zu beobachten sind. Man sieht häufig deutlich weniger als vorhanden sind – aber nie mehr! In welch hohem Maß die Sichtbarkeit hinter den tatsächlichen Zahlen zurück bleiben kann zeigt Schröder. Er berichtet über ein Gamsrudel, das zwei Tage hindurch unter Beobachtung stand. Die Tiere wurden in kurzen Intervallen gezählt, Ab- oder Zuwanderungen waren unbemerkt nicht möglich. Dennoch schwankten die einzelnen Zählergebnisse zwischen 18 und 46 Tieren, also um mehr als 100 %.
Wenn überhaupt, dann machen nur sehr *großräumig* angelegte Zählungen, mit einem hohen Einsatz an Zählern einen gewissen Sinn. Es muss also in-

Auch oberhalb der Waldgrenze sind die Gams nur scheinbar leicht zu zählen. Tatsächlich ist das Gelände stark zerklüftet und Gams kennen keine feste Rudelordnung. So kommt es auch bei ihnen zu hohen Dunkelziffern.

nerhalb einer Hegegemeinschaft oder auf der Gesamtfläche eines bestimmten Gebirgsstockes gleichzeitig gezählt werden, wobei alle Beobachtungen unter Angabe von Örtlichkeit und Zeit festgehalten werden. Die höchsten Beobachtungsraten werden in den frühen Morgen- und späten Nachmittagsstunden erzielt. Da sind die Gams besonders aktiv. Doch auch dabei ist eine hohe Dunkelziffer möglich. Schließlich sind revierübergreifende Zählungen nur nach Vorplanung und frühzeitig festgelegtem Datum machbar. Am Zähltag spielt dann das Wetter (und die menschliche Komponente) eine nicht geringe Rolle. Gams, die sich in großen Latschenfeldern aufhalten, werden nicht gesehen. Andere stehen in nicht einsehbaren Wänden oder Gräben. Jene im Wald lassen sich ohnehin kaum erfassen.
Selbst wenn die ermittelten Zahlen der Realität halbwegs nahe kommen, so sind sie doch für die Praxis meist von bescheidenem Wert. Maßgebend für die Abschusshöhe ist ja in vielen Revieren die Situation im Wald, also dort, wo man die Gams ohnehin nicht zählen kann. Die Abschussbewilligung wird abgeleitet von der angenommenen Höhe des Gesamtbestandes. Und gerade weil die Gams oft zwischen mehreren Revieren wechseln, wollen die für die Abschussverteilung Verantwortlichen möglichst »gerecht« verteilen. Da schneiden die Inhaber von Waldrevieren oft schlechter ab als jene von »Almrevieren«. Dabei müsste die Bejagung im Wald viel intensiver sein als in den freien Hochlagen.

Zählungen ebenfalls schief gegangen

Im Prinzip gilt für das Damwild, was vorstehend bereits für das Rotwild gesagt wurde – es lässt sich nicht zählen. In großen geschlossenen Waldrevieren, wie sie zahlreich im Osten der norddeutschen Tiefebene vorhanden sind, sind Zählungen schlicht unmöglich. Und auch in den eher waldarmen Landschaften des nordwestlichen Niedersachsens entglitten die Bestände dem Jäger. Das zeigen schon die Streckenzahlen.
STUBBE äußert denn auch für die Damwildgebiete Ostdeutschlands, es werde bei den Zählungen höchstens die Hälfte des vorhandenen Wildes erfasst. Schleswig-Holstein, eines der klassischen »Damwild-Bundesländer« verzichtet in seiner »Richtlinie für die Hege und Bejagung des Rot- und Damwildes

in Schleswig-Holstein« grundsätzlich auf jede Vorschreibung oder sonstige Angaben zur Wilddichte. Gesagt wird nur: *»Ziel der Damwildhege ist die Erhaltung und Entwicklung gesunder, ökologisch und wildbiologisch vertretbarer Bestände mit ausgewogener Altersstruktur.«*

Als Grundlage der Abschussplanung wird zwar die Wildbestandsermittlung angesehen, gleichzeitig aber darauf verwiesen, dass sich Damwildbestände nur annähernd erfassen lassen, gleichzeitig wird zur Herleitung wirklichkeitsnaher Berechnungsgrundlagen die Verwendung von Weisern empfohlen. Als solche werden aufgeführt:

- Statistische Auswertung von Abschussergebnissen, Bestandsermittlung und Zuwachsberechnungen in Form von Zeitreihen.
- Wiederholte großräumige Erfassung, z. B. nach Neuschnee.
- Zustand der Vegetation, insbesondere im Wald.
- Körperliche und gesundheitliche Verfassung.

Zwar wird immer wieder behauptet, Damwild sei leichter und sicherer zahlenmäßig zu erfassen als Rotwild. Tatsächlich aber wurden die Damwildbestände fast überall deutlich zu niedrig eingeschätzt.

Entwicklung der Damwildstrecke im Regierungsbezirk Lüneburg 1970–2001

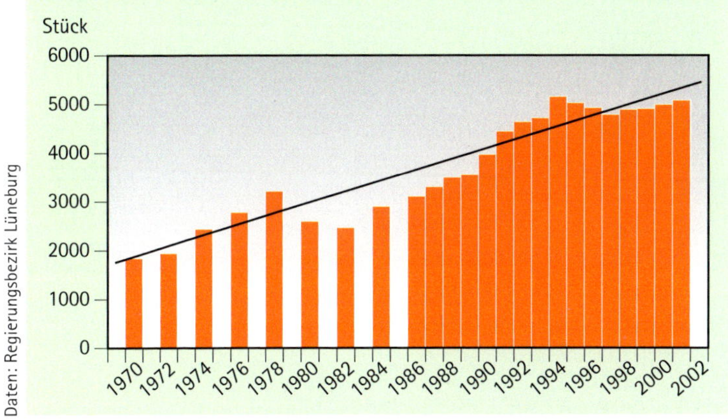

Beispiel Regierungsbezirk Lüneburg: Ausgewiesener Damwildlebensraum = 500.000 ha, zulässige Höchstwilddichte = 8.995 Stück Damwild, Strecke 2001 = 5.078 Stück Damwild (einschließlich 8,6 % Fallwild). Theoretisch wurden folglich 56 % des maximalen Grundbestandes erlegt, dies bei einem angenommenen Zuwachs von 75 % der am ersten April vorhandenen Schmal- und Alttiere.

Der Forstbehörde ist Gelegenheit zu geben, der Jagdbehörde und dem Jagdbeirat ihre Erkenntnisse ggf. am Objekt zu demonstrieren und zu erläutern. Der Zuwachs wird mit 75 % der am 1. April vorhandenen Alt- und Schmaltiere angegeben. Diesen Wert hält der Autor, auch wenn er in den Damwildrichtlinien einiger anderer Bundesländern und in der Literatur ebenfalls genannt wird, für zu niedrig angesetzt. Es ist aber müßig darüber zu diskutieren, weil schließlich kein Mensch sagen kann, wie viele Schmal- und Alttiere am 1. April vorhanden sind!

Der in vielen Damwildringen nach wie vor ungebremste Anstieg der Strecken zeigt, dass mit derartigen Berechnungen in der Vergangenheit nicht einmal der Zuwachs genutzt, geschweige denn überhöhte Bestände abgebaut wurden.

Die Unmöglichkeit, Damwild auch in eher waldarmen Landschaften zu zählen, zeigen uns auch die Abschussdaten des Regierungsbezirkes Lüneburg (Niedersachsen), wo diese Wildart ihren Verbreitungsschwerpunkt westlich der Autobahn A 7 hat.

PETRAK untersuchte das Damwild des Damwildringes Rotenburg-Verden in der norddeutschen Tiefebene. Er versuchte die Tiere mit Hilfe von Mitarbei-

Insgesamt ist das Damwild noch mehr tagaktiv als das Rotwild. Trotzdem geht die Zählerei immer wieder in die Hosen.

tern aus der Jägerschaft durch koordinierte Zählansitze und Zählfahrten zu erfassen. Dabei wurde im Spätwinter das Wild im Bereich der »Zählansitze« von zwei Personen rege gemacht, gleichzeitig potentielle Aufenthaltsorte (z. B. Äsungsflächen im Feld) mit Geländewagen angefahren. Dazu wählte man den Zeitraum von vor Sonnenuntergang bis Einbruch der Dunkelheit. Zusätzlich erfolgten Zählfahrten in den Morgenstunden, etwa ab 45 Minuten vor Sonnenaufgang.

Im zeitigen Frühjahr (Blüte der Schlüsselblumen als phänologische Zeitangabe) wurde zusätzlich versucht, das Damwild aus der Luft zu zählen. Dies erfolgte mit Hilfe eines Hubschraubers, der die Reviere in 90 bis 100 m Höhe über dem Boden streifenweise abflog. Die Flüge erfolgten von kurz vor bis kurz nach Sonnenuntergang. Dabei zeigte sich ein hoher Einfluss der Wetterlage auf die Zählergebnisse. PETRAK: »Extremes Hochdruckwetter ist zum Zählen ebenso ungeeignet wie eine Schlechtwetterperiode.«

Jedenfalls ergaben die Lufttaxationen höhere Zählergebnisse als Zählansitze und Zählfahrten mit Geländewagen. Womit einmal mehr belegt wurde, dass auch bei sehr sorgfältig koordinierten und durchgeführten Zählungen unberechenbare Dunkelziffern zu erwarten sind.

Nebenbei sei erwähnt, dass Petrak einen Zuwachs von nur 60 % der am 1. April vorhandenen Schmal- und Alttiere ermittelte, während die Damwildrichtlinien von 70% ausgehen. Trotzdem stiegen die Damwildstrecken landesweit über lange Zeit – ein weiteres Zeichen für eine nicht unerhebliche Dunkelziffer!

Scheinwerfertaxation

Der Allrad macht's möglich...

Neu ist diese Methode der Wildbestandserfassung natürlich nicht. Doch erst der periodisch rapide Rückgang der Feldhasen und die immer lauter (und gehässiger) werdenden Rufe nach seiner Totalschonung verhalfen ihr zu einer gewissen »Popularität« bei den Niederwildjägern. Natürlich hängen die Ergebnisse einer Scheinwerfertaxation auch von einer ganzen Reihe von Faktoren ab. Sie liefert brauchbare Zahlen grundsätzlich nur bei Arten, die in der Dunkelheit mehrheitlich auf offene, gut überschaubare Flächen ziehen. In ausreichendem Maße ist das heute eigentlich nur noch beim Feldhasen der Fall. Sicher mag es *einzelne* Reviere geben, in denen sich auch ein wesentlicher Teil des Rot- oder Rehwildes zählen lässt, doch wird die Dunkelziffer vor allem bei den Rehen immer ungleich höher sein als beim Hasen. Die Attraktivität der Agrarflächen für die einzelnen Wildarten ist nicht nur lokal außerordentlich variabel, sie kann sich auch von Jahr zu Jahr im selben Revier ganz entscheidend ändern. Wenn dem aber so ist, lässt sich nicht einmal ein verwertbarer Trend ermitteln.
Beim Hasen haben wir eine Sondersituation. Er kann nicht wie die Rehe in den Wald ausweichen, beziehungsweise einfach im Wald drinnen bleiben. Fallen die Agrarflächen aus, geht die Hasendichte unweigerlich zurück. Veränderungen im Feld, etwa die Ausweitung der Maisflächen oder die Reduk-

Zwar können auch die Hasen nicht exakt gezählt werden, aber mit Hilfe der Scheinwerfertaxation lassen sich doch brauchbare Trends ermitteln.

tion der angebauten Kulturen führen zwar auch beim Hasen zu geringeren Zählwerten, aber sie verfälschen den Trend nicht so stark wie bei anderen Wildarten.

Letztlich aber wäre die ganze schöne Scheinwerfertaxation nicht viel wert, hätte inzwischen nicht fast jeder Jäger ein Allradfahrzeug, mit dem sich auch im Frühjahr und Herbst, wenn es draußen nass und schmierig ist, unbefestigte Feldwege halbwegs sicher befahren ließen.

Frühjahrs- und Herbstbestand zählen

Dort, wo der Hase so zahlreich vorkommt, dass er üblicher Weise auf der Treibjagd geschossen wird, ist die Scheinwerfertaxation die mit Abstand beste Zählmethode. Mit ihrer Hilfe kann sich der Jäger ein gutes Bild von der aktuelle Situation des Feldhasen im eigenen Revier machen. Zwar wird man auch mit ihr längst nicht alle Hasen erfassen, aber sie liefert brauchbare Vergleichszahlen, die uns sagen, ob eine Treibjagd zu verantworten ist oder nicht. Allerdings funktioniert die Scheinwerfertaxation nur im Feld und auch dort keineswegs überall. Je ebener das Gelände ist und je weniger Gehölze und andere »Sichtblenden« sich darin befinden, umso besser sind die Zählergebnisse.

Die Fahrstrecke für eine Scheinwerfertaxation muss wohl überlegt werden und ungünstige Geländestrukturen wie Mulden, Erhebungen oder Hecken berücksichtigen. Die Leuchtweite beträgt maximal 150 Meter.

Viele Hasen verlassen in der Nacht erst zu vorgerückter Stunde den Wald. In höheren Lagen, wo man mit Schnee und Mond rechnen darf, lassen sich die Hasenbestände auch ohne Scheinwerfer taxieren.

Auf kleinen Flächen sind kaum brauchbare Ergebnisse zu erzielen. Von Wert sind Scheinwerfertaxation und Abschussplanung erst ab einer bejagbaren Feldfläche von etwa 500 Hektar aufwärts. Ist das eigene Revier zu klein, muss man sich mit den Nachbarn arrangieren, gemeinsam zeitgleich zählen und anschließend hochrechnen. Ohne zu übertreiben kann gesagt werden, dass eine gemeinschaftliche Abschussplanung (am besten auf Hegeringebene) beim Feldhasen wichtig ist – ganz im Gegensatz zum Rehwild!
In den meisten Revieren muss man hinsichtlich der zu erfassenden Flächen Kompromisse machen. Umso wichtiger ist es, die Zählfahrten weitgehend zu standardisieren. Nur so lassen sich die Ergebnisse vergleichen.

Zählroute – Größe der Zählfläche – Terminierung

- Es empfiehlt sich, die vorgesehene Zählroute erst einmal bei Tag abzufahren und alle Geländestrukturen, welche die Sicht behindern (z. B. Böschungen, Bodenwellen, Hecken usw.) in der auch bei der Zählung mitgeführten Karte zu erfassen.
- Die Zählroute (Fahrstrecke) muss möglichst alle im Feldrevier vorkommenden Bodentypen und Kulturarten (Ackerland, Wiese, Weingarten...) berücksichtigen.

- Bei einförmiger Bodennutzung und/oder guter Einsehbarkeit des Geländes müssen zumindest 10 % der Feldfläche erfasst werden, die im Herbst bejagt werden soll. Mit steigendem Strukturreichtum (geringere Einsehbarkeit) müssen mindestens 20 % erfasst werden. Je größer die erfasste Fläche ist, umso brauchbarer sind die Zählergebnisse.
- Die einmal festgelegte Zählroute muss bei allen späteren Zählfahrten beibehalten werden. Nur so sind die ermittelten Zahlen vergleichbar.
- Frühjahrszählung (zweite Märzhälfte) und Herbstzählung (unmittelbar vor der Jagd) müssen möglichst unter vergleichbaren Witterungsbedingungen erfolgen.
- Die Zählfahrten müssen zur gleichen Zeit (etwa 2 Stunden nach Einbruch der Dunkelheit) beginnen und etwa gleich lange dauern. Spätestens um Mitternacht ist Schluss.
- Möglichst keine Zählung in mondhellen Nächten (Hasen sind dann wenig aktiv).

Fahrzeug – Scheinwerfer – Beteiligte – Ablauf

- Echte Geländefahrzeuge sind von Vorteil (Geländegängigkeit und erhöhte Sitzposition).
- Zum Einsatz sollten 12 Volt Halogenscheinwerfer (Breitstrahler) mit einer Mindestleuchtweite von 150 Meter kommen. Um zwei Scheinwerfer gleichzeitig am Zigarettenanzünder anschließen zu können besorgt man sich beim Jagdausrüster eine Verzweigung (Doppelstecker).
- Die optimale Fahrzeugbesatzung besteht aus vier Personen: Fahrer, zwei Zähler und ein Protokollführer. Bei solcher Besatzung und bei Verwendung von zwei Scheinwerfern kann die Fahrstrecke so ausgewählt werden, dass sich je 150 Meter Tiefe rechts und links der Route gleichzeitig ableuchten lassen.
- Es darf nicht schneller als 25 km/h gefahren werden, in Weinbergen oder auf vergleichbaren Flächen nicht schneller als 10 km/h.
- Die Scheinwerfer sollen immer im rechten Winkel zur Fahrtrichtung gehalten, also nicht geschwenkt werden.
- Grundsätzlich wird mit bloßem Auge gezählt. Das mitgeführte Fernglas soll nur zur Identifizierung von nicht eindeutig erkanntem Wild dienen; etwa wenn mit bloßem Auge nicht sicher zu erkennen ist, ob es sich um einen Hasen oder ein Kaninchen handelt.

Flächenberechnung – Hasendichte

- Die auszuleuchtende Fläche wird mit Hilfe der Revierkarte errechnet (Länge der Fahrstrecke und Tiefe der abgeleuchteten Fläche unter Abzug der durch Geländekanten, Hecken usw. nicht einsehbaren Teile).
- Ist es gelungen, die Zählroute so zu legen, dass »gute und schlechte Hasenecken« gleichermaßen erfasst werden, dürfen wir mit einem brauchbaren Ergebnis rechnen. Angenommen, wir konnten 180 Hektar ausleuchten und dabei 74 Hasen zählen, errechnet sich daraus eine Dichte von 41 Hasen/100 ha (74 : 180 x 100 = 41).

Wirklich aussagekräftig ist eine Zählung jedoch nur dann, wenn sie an einem der unmittelbar nachfolgenden Tage (maximal 5 Tage später) wiederholt wird und das zweite Ergebnis um nicht mehr als höchstens 10 % vom ersten abweicht. Ist die Differenz größer, muss entweder die Zählroute deut-

Die verwertbare Leuchtweite der Scheinwerfer beträgt maximal 150 Meter. Der Abstand zwischen zwei Fahrstreifen darf daher nicht größer als 300 Meter sein, lieber etwas enger.

lich verlängert werden oder weitere Zählungen mit anschließender Bildung eines Mittelwertes erfolgen.

Scheinwerferzählung fraglich

In einigen Schweizer Kantonen versuchen die Wildhüter auch die Rehe mit Hilfe nächtlicher Zählfahrten zu erfassen. Das Prinzip ist dasselbe wie bei der Scheinwerfertaxation der Feldhasen. Mit Halogenscheinwerfern werden in der Nacht die Wiesen und Äcker abgeleuchtet. Klar, wird jetzt mancher Jäger sagen, bei den Hasen wird das ja auch empfohlen und funktioniert halbwegs, warum also nicht bei den Rehen?
Wer aber regelmäßig in der Nacht durch sein Revier fährt, der weiß, wie sehr die Zahl der dabei gesehenen Rehe schwankt. Wir können auch nicht davon ausgehen, dass alle Rehe irgendwann im Laufe der Nacht in die Wiesen oder Felder ziehen. Rehe, die in großen geschlossenen Wäldern wohnen, sehen vielleicht lebenslänglich nie eine Wiese oder einen Acker. Sie bleiben einfach im Wald. Einige kommen schon in den frühen Abendstunden aus dem Wald, äsen, ruhen und ziehen bald wieder ein. Andere treten erst gegen Mitternacht aus. Was bei solchen »Scheinwerfertaxationen« ermittelt wird, ist höchstens ein Trend, und auch der ist fragwürdig, weil sich die Bedingungen für eine solche Taxation teils schleichend, teils sprunghaft ändern.
Nicht vergessen dürfen wir das Gelände, das der liebe Gott in seiner Kurzsichtigkeit und jagdlichen Unvernunft oft wenig zählfreundlich gestaltet hat. Man sieht einfach nicht überall hin. Darüber, dass die mit Hilfe der Taxation gewonnenen Zahlen nicht den tatsächlichen Bestand wiedergeben, ist man sich auch

Die Ergebnisse umfangreicher Markierungsaktionen warfen manche alte Lehrmeinung über Wilddichten, Wildverhalten und mögliche jagdliche Nutzung über Bord.

bei den Eidgenossen sehr wohl bewusst. Veränderungen im Lebensraum müssen jedoch nicht unbedingt auffallen. Scheinwerferzählungen sind zwar nur in der offenen Landschaft möglich, also im Feld und in Wiesen. Es steht aber außer Frage, dass nur ein Teil der Rehe nachts den Wald verlässt, um draußen zu äsen. Wie viel Prozent der in einem bestimmten Gebiet lebenden Tiere das tun hängt von einer ganzen Reihe von Faktoren ab:

- Hat sich das Äsungsangebot auf landwirtschaftlichen Flächen quantitativ oder qualitativ verändert?
- Hat sich irgend etwas verändert, das den freien Wechsel zwischen Wald und Agrarflächen beeinflusst?
- Haben sich Sicherheitsaspekte verändert?

Die hier aufgelisteten Veränderungen müssen keineswegs nachteilig sein, sie können den Rehen auch Vorteile bringen. Vor allem aber müssen sie nicht auf die gesamte Revier- oder Zählfläche zutreffen. Nur ein paar wenige Möglichkeiten seien hier aufgerissen.

Eine neue Umgehungsstraße kann die Beliebtheit von bestimmten Revierteilen ebenso erhöhen wie mindern. Wie sie sich auf die nächtliche Sichtbarkeit der Rehe auswirkt, hängt weitgehend von der Trassenführung ab. Neue Wohn- oder Industrieansiedlungen können Wechsel unterbrechen oder Äsungsflächen stark beunruhigen. Neu gepflanzte Hecken, Lärmdämme oder sogar Leitplanken können die Sicht einschränken. Ein einziger, in der Nacht freilaufender Hund kann die Situation verändern.

Aber das wirklich Entscheidende ist, dass man sich den ganzen Aufwand durch einen sachlich-kritischen Blick auf die Vegetation ersparen kann. Denn die Frage nach der Zahl der Rehe ist müßig. Wichtig ist doch nur, ob der Lebensraum sie ohne nachhaltige Schäden verkraftet.

In Sonderfällen möglich

Im Prinzip lässt sich alles auf der Welt zählen – sofern es sichtbar ist! So gesehen ist PETRAK nur zuzustimmen, wenn er unter dem Titel »Auch Rotwild lässt sich zählen« im »Rheinisch-Westfälischen Jäger« über derartige Versuche in der Eifel berichtet. Er zieht zwar für die unter seiner Anleitung

Rotwildabschüsse in den Alt-Bundesländern 1936–2001

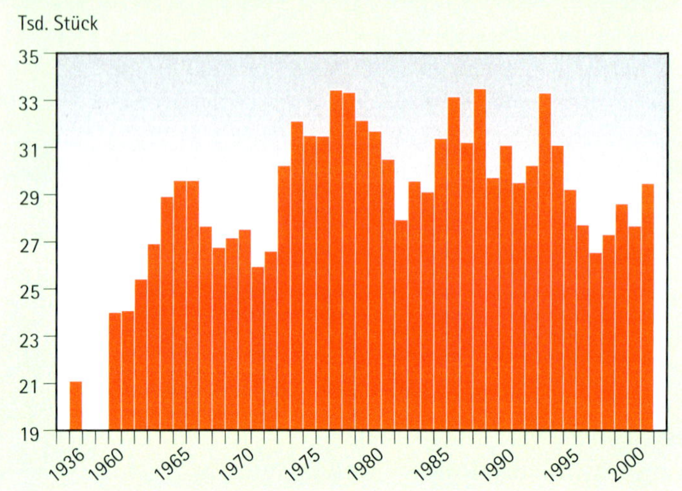

Daten: DJV-Handbücher

Trotz großflächiger Überbauung der Landschaft, dramatischer Lebensraumzerschneidung durch Verkehrsadern und einem ungeheuren Druck durch den Freizeitmenschen stiegen die Rotwildstrecken enorm an. Wurden zwischen 1936 und 1939 jährlich nur 21.112 Stück Rotwild erlegt, stieg die Jahresstrecke bis zum Jagdjahr 1996/97 auf 33.320 Stück an. Rotwild verbeißt zwar auch, schwerwiegender sind aber die von ihm verursachten Schälschäden. Im Feld bleibt es als Schadensverursacher deutlich hinter dem Schwarzwild zurück.

durchgeführten Zählversuche ein positives Resümee, weist aber ausdrücklich darauf hin, dass die Ergebnisse nur als Wert für den Mindestbestand angesehen werden dürfen.

Die Eifel, in der diese Zählfahrten durchgeführt wurden, ist ein Mittelgebirge mit eher sanften Kuppen und großen landwirtschaftlichen Flächen um die Dörfer herum. Auf diese zieht das Wild aus, sie sind mit geländegängigen Fahrzeugen befahrbar und relativ gut auszuleuchten. So günstige Voraussetzungen finden wir allerdings in den wenigsten Rotwildgebieten. Die großen, sich auf die Ergebnisse auswirkenden revierspezifischen Unterschiede verunmöglichen die Nennung einer fixen Dunkelziffer, die dem jeweiligen Zählergebnis zugeschlagen werden müsste.

In stark zergliederten Mittelgebirgsrevieren, mit tiefen Taleinschnitten, schmalen, wenig überschaubaren Wiesenschlenken, zahlreichen im Wald gelegenen kleinen Wiesen und erst recht im Hochgebirge und seinen Vorbergen bringen Scheinwerfertaxationen des Rotwildes keine brauchbaren Ergebnisse. Wo jedoch die Topografie und die Struktur des Geländes günstig sind (etwa im Flachland) und sich über Jahre hinweg an der Art der Landnutzung nichts ändert, mögen sie uns zumindest einen Trend aufzeigen. Wenngleich die Ergebnisse in der Mehrzahl der Fälle wohl deutlich unter der Realität liegen, so übertreffen sie andererseits vielfach die – »frei Hand« gemachten – Schätzungen und Angaben mancher Revierinhaber. Auch das wäre ja schon begrüßenswert. Nicht zuletzt bestimmt auch das Wetter die Machbarkeit derartiger Zählfahrten. PETRAK schlägt die Zeit von Mitte April bis Anfang Mai (Buschwindröschenblüte) vor. Die Eifel gilt zwar als klimatisch raues Mittelgebirge, apert jedoch ungleich früher aus als die Reviere im Alpenvorland, im Bayerischen Wald oder gar im Alpenraum. Dort kann es Mitte und selbst Ende Mai noch schneien. Die Vegetation ist viel weiter zurück als etwa in der Heide oder im Odenwald. Folglich aber auch das Interesse des Rotwildes an landwirtschaftlichen Flächen gering. Ackerbau spielt keine oder nur eine geringe Rolle, damit fehlen auch das im norddeutschen Raum gerne angenommene Wintergetreide oder Rapsflächen.

Sobald aber die Winterrudel zerfallen, sind derartige Zählungen ohnehin nicht mehr möglich. Im Gebirge apern zudem südexponierte Hochlagen nicht selten früher aus als schattseitige Talwiesen. Die Übertragbarkeit dieser Methode ist folglich stark eingeschränkt, trotzdem sei sie hier vorgestellt. Sinnvoll ist sie ohnehin nur dann, wenn auf größerer Fläche gemeinsam, also zum selben Zeitpunkt und methodisch ident durchgeführt wird. Zu erfassen wäre gleichzeitig mindestens eine ganze Hegegemeinschaft, noch besser alle Reviere eines Rotwildvorkommens. Selbst wenn hierzu eine Anordnung der unteren Jagdbehörde erginge, so wären doch noch die oft widerstreitenden Interessen der Revierinhaber zu berücksichtigen, die ja oftmals mit ihren Angaben die Abschusszuteilung im eigenen Interesse beeinflussen wollen.

Im Prinzip funktioniert die Scheinwerfertaxation des Rotwildes nicht anders als die der Feldhasen. Nur ist Rotwild ungleich störungsanfälliger als der Hase. Wer Erfolg haben will, muss die Verhaltensunterschiede berücksichtigen und seine Zählfahrten entsprechend planen und durchführen.

Grundlage der einzelnen Fahrten ist eine genaue, wohlüberlegte Gesamt- wie Detailplanung auf der Karte. Empfohlen wird der Maßstab 1:25.000. Für die Taxation werden zunächst Zähltrupps zusammen gestellt, welche die ihnen zugewiesenen Areale ohne Rücksicht auf Reviergrenzen abfahren. Zu einem Trupp (Beatzung eines Zählfahrzeuges) gehören vier Personen. Das scheint zunächst reichlich übertrieben, ist es aber nicht. Zunächst wird ein ortskundiger Fahrer benötigt, dann zwei Beleuchter (einer leuchtet rechts, einer links) und schließlich noch ein Protokollführer. Letzterer trägt die Beobachtungsorte und die Zahl des beobachteten Wildes in die Karte ein. Die einzelnen Fahrtrouten müssen zuvor nach bestimmten Kriterien festgelegt und eingehalten werden. Dabei ist das Verhalten des Rotwildes, insbesondere sein Bestreben nach Feindvermeidung zu berücksichtigen.

- Nicht abgefahren werden dürfen die Waldränder, weil damit dem Wild sozusagen der Fluchtwechsel in den Wald abgeschnitten würde. Damit wird frühzeitige Flucht ausgelöst.
- Die Fahrtroute muss in 200 bis 300 Meter Entfernung zum Waldrand verlaufen.
- Schmale Wiesen im Waldbereich sollen in Längsrichtung abgeleuchtet, aber nicht abgefahren werden.
- Die Annäherung durch den Wald auf offene Flächen zu ist ungünstig, weil damit das Wild zu früher Flucht veranlasst wird.

Wir jammern über den Rückgang des Rotwildes, dabei wurde in der überschaubaren Vergangenheit nie so viel Rotwild erlegt wie in der Gegenwart. Und nach dem letzten Krieg hat diese Wildart weite Gebiete erobert, aus denen sie schon lange vor der 48er-Revolution verschwunden war.

Das Rotwild hält Zählfahrzeuge umso besser aus, je gleichmäßiger sich diese bewegen. Hat ein Suchscheinwerfer Wild erfasst, wird *ohne anzuhalten* in möglichst gleichem Tempo weitergefahren. Entsprechend gering wird die Fahrtgeschwindigkeit gewählt. Notwendig sind (wie bei der Taxation der Feldhasen) Allradfahrzeuge mit entsprechender Bodenfreiheit und möglichst hoher Sitzposition.

Die Zählfahrten sollen nicht zu früh beginnen, weil sich sonst ein erheblicher Teil des Wildes noch im Wald und damit außer Sicht aufhält und durch das Fahrzeug eventuell sogar vom Ausziehen abgehalten wird. Die beste Zeit (in der zweiten Aprilhälfte) ist zwischen 22 Uhr und 4 Uhr in der Früh. Um Doppelzählungen zu vermeiden, müssen aber alle Zähltrupps im selben Zeitrahmen fahren. PETRAK veranschlag zum Ableuchten von 100 Hektar Fläche etwa eine Stunde.

Von Vorteil ist die zusätzliche Verwendung eines Diktiergerätes durch den jeweiligen Protokollführer. Er vermerkt dann jede Wildbeobachtung in der Karte und gleichzeitig unter Angabe der Uhrzeit auf dem Band. So können später Beobachtungen verschiedener Trupps (etwa im Grenzbereich) miteinander abgeglichen werden.

Obwohl es sich anbietet, wird auf die gleichzeitige Erfassung anderer Wildarten, insbesondere Hasen und Rehwild, verzichtet. Sie nimmt zu viel Zeit in Anspruch, lenkt ab und es lässt sich dann auch nicht so gleichmäßig fahren.

Der Zähltrupp sollte die ihm zugewiesene Route, bevor es »ernst« wird, einmal bei Tage abfahren. Dabei werden die größeren und kleineren Probleme erkannt, die am Schreibtisch nicht in Erscheinung treten. Dazu gehören momentan unpassierbare (nasse) Stellen ebenso wie umgestürzte Bäume, offene Gräben oder geschlossene Schranken.

Fahrzeuge, die in der Nacht nicht öffentliche Wege befahren und das Gelände ableuchten fallen auf und erregen Misstrauen. Es ist daher zweckmäßig, vor derartigen Aktionen die Polizei zu verständigen.

Die Zählergebnisse verschiedener Jahre lassen sich nur miteinander vergleichen, wenn natürlich auch die Wetterlagen vergleichbar waren. Stürmische Nächte liefern andere Ergebnisse als windstille. Dunkle Neumondnächte sind nicht unbedingt mit hellen Vollmondnächten vergleichbar. Und natürlich kann auch der Vegetationszustand unterschiedlich sein. Jedenfalls müssen diese Rahmenbedingungen auf jedem Zählprotokoll vermerkt werden.

Zähltreiben – Maximum an Aufwand

Das Gelände muss passen

Die aufwändigste Art, Rehe zu erfassen, sind Zähltreiben. Dafür liefern sie auch die besten Ergebnisse, wenn auch bei weitem keine genauen. Allerdings sind Zähltreiben nur auf Flächen möglich, wo zwischen den Zähltreibern permanenter Sichtkontakt möglich ist. Und natürlich müssen die zahlreichen Treiber auch in Linie gehalten werden können. Entstehen »Säcke« oder reißt die Verbindung zwischen den Treibern ab, entweichen Rehe ungesehen. Stark gegliedertes Gelände oder größere Dickungen scheiden daher aus.

Zähltreiben funktionieren nur in relativ ebenem, von Wegen umgrenzten, möglichst rechteckigem Gelände. Dieses soll dennoch die unterschiedlichsten Strukturen beinhalten. (Musterkarte des Büros für Forstliche Datenverarbeitung, Obervellach.)

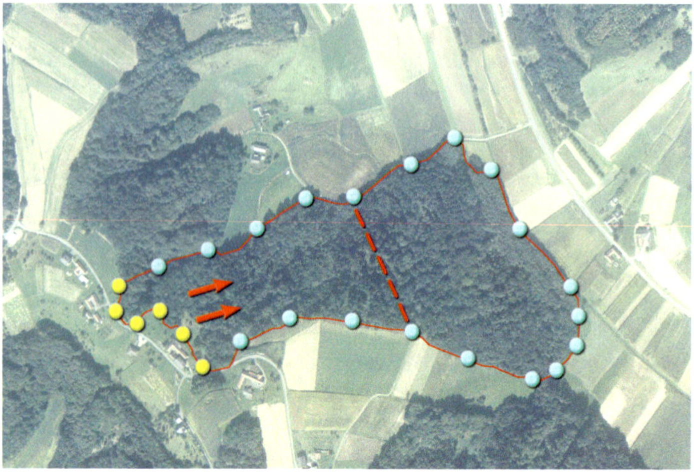

Zähltreiben sind theoretisch bei den meisten Schalenwildarten möglich und liefern recht brauchbare Daten. Aber gebräuchlich sind sie nur beim Rehwild und auch da – wegen des hohen Aufwandes – nur in Ausnahmefällen.

Diese Einschränkung und der hohe Aufwand schmälert den Wert derartiger Treiben grundsätzlich.
Zähltreiben können folglich nie Standard der Wilderfassung werden. Bisher wurden die meisten Zähltreiben in Zusammenhang mit Forschungsvorhaben durchgeführt. Sie lieferten jedoch alle bemerkenswerte Ergebnisse. Fast immer wurde dabei weit mehr Rehwild gesehen als zuvor von den Jagdausübungsberechtigten (Jagdpächter oder Förster) geschätzt wurde. Nicht selten war es das Mehrfache. Trotzdem ist es kaum möglich, das Ergebnis eines ja nur auf relativ kleiner Fläche durchgeführten Zähltreibens, einfach auf die Gesamtfläche eines Forstamtes, eines größeren Privatreviers oder gar eines Hegerings hochzurechnen. Auch innerhalb relativ kleiner Waldbereiche von vielleicht 150 oder 200 Hektar können ganz unterschiedliche Rehwilddichten gegeben sein. Bei der Auswahl der Fläche, auf der ein Zähltreiben durchgeführt werden soll, muss ja auf das Gelände viel mehr Rücksicht genommen werden als auf die vermutete Wildverteilung. Daher kann das Ergebnis sowohl nach unten wie nach oben gewaltig täuschen.

Praktikabel und den Aufwand betreffend vertretbar ist beispielsweise das Durchtreiben kleinerer, isoliert im Feld liegender Walddistrikte, weil bei ihnen außen herum nicht so dicht abgestellt werden muss wie im Wald selbst, da die Sicht im Feld gut ist.
Bei Treiberabständen von mehr als drei Meter bleibt ein Teil der Rehe einfach sitzen und lässt sich überlaufen. Andere Rehe wechseln unbemerkt nach hinten durch. Mit dem Angebot an Bodendeckung, etwa Naturverjüngung oder Calamagrostis (Reitgras) in Althölzern, steigt die Zahl der Drückeberger. Das muss bei Planung solcher Treiben dahingehend berücksichtigt werden, dass in den lichteren Beständen begonnen wird und die dichteren erst in der zweiten Hälfte des Weges erreicht werden. Dann nämlich laufen die Treiber bereits etwas enger, weil sich die Flügelzähler einreihen, sobald die Front an ihnen vorbei kommt. Ganz wichtig ist es, dass sich die Front der Zähltreiber wirklich langsam noch vorne bewegt. Nur so lässt sich Linie halten. Je langsamer die Front anrückt, umso eher stehen die Rehe auf und versuchen sich zu verdrücken.

Große Schwankungen beim Zählergebnis möglich

Wer jetzt glaubt, Zähltreiben lieferten – wenigstens für die gezählten Revierteile – absolute und sozusagen verbindliche Zahlen, der irrt. Ihr eigentliches Verdienst ist es, mögliche Dunkelziffern aufzuzeigen, weil die Ergebnisse bisheriger Zähltreiben vorangegangene konventionelle Zählungen und Schätzungen fast immer weit übertrafen. Wir können aber mit ihrer Hilfe nicht die tatsächliche Wilddichte der betreffenden Fläche fest machen. Zwar leben Rehe relativ kleinräumig und nehmen, ausgenommen vielleicht jene des Hochgebirges, im Jahresablauf auch keine weltbewegende Ortsveränderungen vor, trotzdem kann die Rehwilddichte auch kleinräumig saisonalen Schwankungen unterliegen. Die stabilsten Verhältnisse und die gleichmäßigste Verteilung beziehungsweise Raumnutzung ist sicher in der Zeit vom Fegen der Böcke bis zum Beginn der Brunft gegeben. Dann aber spricht der Vegetationszustand gegen eine solche Aktion, ebenso das noch unselbständige und sich auch besonders hartnäckig drückende Jungwild.

Weiser sagen mehr als Zählungen

Verbiss sagt auch nicht alles

Die Mehrzahl der Jäger muss sich erst einmal von der Vorstellung frei machen, gewisse Wildarten hätten in bestimmter, zahlenmäßig fixierter Dichte vorzukommen oder müssten in einer ganz bestimmten, gleichbleibenden Menge »entnommen« werden, um sozusagen »umweltverträglich« zu sein. Genau deshalb wollen sie das Wild ja zählen. Wenn aber die Qualität der Lebensräume völlig unterschiedlich ist, dann gilt das für die tragbare Wilddichte erst recht. Und wir benötigen weder Tabellen noch Taschenrechner um zu erkennen, wo der Hase im Pfeffer, Pardon »die Rehe in den Tannen liegen«. Und so lange Wildtiere weder ihren Lebensraum nachhaltig schädigen (und damit ja sich selbst), noch ihre Kondition zu bemängeln ist, spielt ihre Zahl doch gar keine Rolle!
Mehr als bei anderen Schalenwildarten gibt uns beim Rehwild der Zustand der Vegetation brauchbare Hinweise auf die erforderliche Höhe des Abschusses. Doch eines muss vorweg gesagt werden: Es ist ganz normal, dass

Es ist völlig uninteressant, wie viele Rehe oder Hirsche irgendwo leben. Entscheidend ist doch nur, dass das Wild gesund ist und seinen Lebensraum nicht entwertet.

Rehe wirtschaftlich interessante Baumarten verbeißen. Sie tun dies seit ewigen Zeiten, ohne deshalb automatisch Baumarten lokal zu eliminieren. Und es wird Verbiss geben, so lange es Rehe oder überhaupt wiederkäuendes Schalenwild gibt!
Trotzdem ist der Verbiss von Forstpflanzen nicht nur beim Rehwild ein ziemlich brauchbarer Weiser für die Abschusshöhe, sondern ebenso bei Rot- und Damwild wie bei den Gams. Gerade bei letzteren sind wir gut beraten, die Abschusshöhe – im Wald – am Verbiss zu orientieren. Das hat allerdings nur dann seine Berechtigung, wenn wir auch tatsächlich dort jagen, wo Verbiss entsteht – also im Wald. Es wäre den Gams in mehrfacher Hinsicht geholfen, würden sie im Wald intensiver bejagt als das weithin geschieht und dafür in den Hochlagen weitgehend mit der Jagd verschont!

Merke: Verbiss ist nicht automatisch Schaden!

Schaden entsteht ja erst, wenn der Verbiss so stark ist, dass sich einzelne Baumarten nicht mehr in der erforderlichen Zahl und Qualität verjüngen können. Es kommt folglich auch nicht so sehr darauf an, wie viele Jungbäume verbissen sind, sondern wie viele eben *nicht* verbissen sind und dem Äser entwachsen! Heute werden dem Jäger landauf und landab Verbissprozente offeriert, die jedoch zunächst einmal gar nichts über ihre Tolerierbarkeit aussagen.
Nehmen wir ein Beispiel: 60 % Leittriebverbiss beim Ahorn kann über einige Jahre hinweg zum Totalausfall führen. Er kann aber auch so gering sein, dass der Waldbesitzer zusätzlich mit der Schere oder Säge »verbeißen« muss, um auch noch andere Baumarten durchzubringen! Entscheidend ist die absolute Zahl. Stehen auf einer

Starker Fichtenverbiss durch Rehwild geht meist mit geringer Kondition einher, weil die Wilddichte zu hoch ist.

Wo sich die in den Altbeständen vertretenen Hauptbaumarten so üppig verjüngen, darf der Jäger mit sich zufrieden sein. Da bedarf es keiner Zählversuche und keines Abschussplanes.

bestimmten Fläche zehn Ahorne, von den 60 % verbissen sind, bleiben nur noch vier übrig. Stehen auf der selben Fläche aber 1000 Jungbäumchen, von denen ebenfalls 60 % verbissen sind, bleiben immer noch 400 übrig. Wir müssen derartige Werte also sehr vorsichtig bewerten und hinterfragen.

Wirtschaftlicher Schaden ist nicht zwingend ökologischer Schaden

Wirtschaftliche und ökologische Schäden sind zweierlei. Ein vom Waldbesitzer noch durchaus tolerierter Verbiss kann ökologisch bereits bedenklich sein, denn wir müssen davon ausgehen, dass das Wild bereits wichtige krautartige Äsungspflanzen in Bedrängnis gebracht oder lokal sogar getilgt hat, ehe es durch Leittriebverbiss an Waldbäumen menschlichen Unmut hervor ruft. Eiche, Tanne, Ahorn und Co. befinden sich beispielsweise allesamt auf der Palette der natürlichen Äsungspflanzen des Rehwildes, doch zieht dieses zahlreiche krautartige Pflanzen vor.

Umgekehrt kann ein wirtschaftlicher Schaden ökologisch durchaus positiv sein. Jetzt werden sich bei vielen Förstern und Waldbesitzern die Nackenhaare aufstellen. Aber wenn wir das so unglaublich oft missbrauchte Wort »ökologisch« überhaupt verwenden, dann dürfen wir das ebenso oft be-

Auch die Eberesche gilt als Weiserpflanze, die gerne vom Schalenwild verbissen wird. Wo sie in solcher Fülle wächst, hat der Jäger seine Aufgabe erfüllt.

schworene »ökologische Gleichgewicht« nicht sozusagen als interne Angelegenheit von wirtschaftlich interessanten Bäumen und Schalenwild sehen. Ökologie ist doch etwas ganz anderes, etwas unglaublich viel größeres. Dazu ein gewiss grobes Beispiel:

Wenn die Rehe in den trostlosen Fichtenwäldern, wie sie für weite Teile des österreichischen Alpenraumes charakteristisch sind und in Bayern lange charakteristisch waren, eine dem Kahlschlag folgende neue Fichten-

Junge Eiben haben bei hohen Rehwildbeständen keine Chancen. Aber an ihrem Ausbleiben ist keineswegs nur das Schalenwild schuld. Ihr Platz ist in Dauerwäldern, und die sind keineswegs bei allen Forstleuten beliebt.

kultur radikal zusammen fressen, dann ist das in der Tat ein wirtschaftlicher Schaden. Es ist auch ein Schaden für die Rehe selbst, weil sie sozusagen in »Notwehr« handelten – aus Hunger, weil andere, wichtigere Äsungspflanzen vorher schon ihren Äsern zum Opfer fielen oder kaum geeignete Standorte fanden. Aber dadurch, dass sie auf besagter Fläche den Aufwuchs des Jungwaldes verhindern, schaffen die Rehe für eine gar nicht geringe Zahl von Tieren günstige Lebensbedingungen. Es werden möglicherweise sogar mehr Pflanzenarten wachsen als zwischen unverbissenen Fichten. Nur interessieren diese (meist kleinen) Arten weder den Waldbesitzer noch den Jäger. Wenn dem aber so ist, sollten wir unsere Diskussionen künftig möglichst ohne Missbrauch der Worte ökologisch oder Ökologie führen.
Ob und wann ein gewisser Verbiss zum wirtschaftlichen Schaden wird, hängt zunächst einmal von der Zielsetzung des Waldbesitzers ab. Begnügt er sich – wie es in weiten Teilen Europas über mehr als ein Jahrhundert der Fall war – mit Fichten, Kiefern oder Buchen in Reinbeständen, ist die Schwelle zum wirtschaftlichen Schaden recht hoch. Übernimmt in einem solchen Fall der Jäger auch noch den Schutz der Jungbäume, kann auch bei sehr hohem Fichten-Leittriebverbiss kaum von Schaden gesprochen werden. Gleichwohl wird aber das Gleichgewicht zwischen Wald und Rehen längst empfindlich gestört sein. Die meisten Nachteile hat davon das Rehwild selbst! Fichten kann man schließlich mechanisch oder chemisch schützen, aber eine getilgte Flora fehlt.
Wie viele Jungbäume einer bestimmten Art keimen und schließlich dem Äser entwachsen hängt aber auch noch von einer ganzen Reihe anderer Faktoren ab. Da ist zunächst die Frage, in welchem Maß die betreffende Baumart im Altbestand vertreten ist. Es macht selbstverständlich einen Unterschied, ob auf der zur Verjüngung anstehenden Fläche noch 20 % oder nur 2 % Tannen stehen. Denn es wird immer ein erheblicher Teil der Sämlinge abgeäst.
Je mehr zunächst vorhanden sind, umso mehr werden auch durchkommen. Einen erheblichen Einfluss auf das Erscheinen der Verjüngung und damit in letzter Konsequenz auch auf die Einwirkung des Rehwildes hat die Art der Waldbehandlung. Fichten pflanzen und später schlagweise herunter hacken kann jeder. Dazu ist keine Studium der Forstwirtschaft notwendig – viele einfache, nicht forstlich ausgebildete Bauern haben anspruchsvollere Waldbilder zu bieten! Ob, wann und in welchem Maße sich bestimmte Baumarten verjüngen ist auch eine Frage der Lichtregelung. Ist es am Waldboden

noch zu dunkel, bleibt die Verjüngung aus. Erreicht ihn zu viel Licht, kann die Fläche vergrasen. Jedenfalls nehmen Waldbesitzer und Förster auf die *Verbissempfindlichkeit* des Waldes einen weithin unterschätzten Einfluss! Es ist auch nicht Sache des Jägers, das Geschäft des Waldbesitzers zu betreiben. Er pachtet ja kein Revier, um in diesem den Anteil junger Tannen oder Eichen zu vermehren – er will einfach jagen und möglichst viel gesundes Wild sehen. Er muss sich die Waldbauernstiefel auch gar nicht anziehen. Aber er muss sich darüber klar sein, dass hinter einem starken Verbiss der Wirtschaftsbaumarten ein noch stärkerer an den typischen kraut- und strauchartigen Äsungspflanzen des Wildes steht – und da müssten bei ihm eigentlich die Alarmglocken läuten!

Weiserpflanzen

Auch mit den Weiserpflanzen, von denen es eine ganze Reihe gibt, ist das so eine Sache. Immer wieder wird auf Weidenröschen und Hasenlattich verwiesen. Ich habe aber Reviere erlebt, in denen das Schmalblättrige Weidenröschen massenhaft auf den ungezäunten Kulturflächen erschien, obwohl die Fichten jeden Herbst gegen Wildverbiss geschützt werden mussten. Hier spielt der Standort eine große Rolle und überdies die Art der forstlichen Nutzung. Das Weidenröschen will viel Licht und Stickstoff und fühlt sich auf dem derzeit eher verpönten Kahlschlag am wohlsten. Hat es dort erst einmal richtig Fuß gefasst und sagt ihm der Standort zu, erscheint es in Massen. Kulturzäune sind Vermehrungsbasen, von denen aus der Wind Millionen Samen auf ungezäunten Flächen verteilt. Nicht vergessen wollen wir, dass noch in den 70er-Jahren gegen das auf den Kulturflächen ankommende Weidenröschen Herbizide eingesetzt wurden.
Hasenlattich ist, im Gegensatz zum Weidenröschen, keine Massenpflanze. Er kommt meist einzeln oder truppweise vor und wird schon deshalb von den Rehen schnell getilgt. Schaue ich mich im eigenen Revier um, finde ich zwar reichlich Hasenlattich – aber dennoch reichlich verbissene Tannen. Freilich, früher gab es in diesem Revier weder Hasenlattich, noch verbissene Tannen, weil beide Arten bereits restlos von den Rehen gefressen wurden, ehe sie optisch in Erscheinung traten. Und natürlich stellt auch der Hasenlattich

Zwar in vielen, aber keineswegs in allen Revieren ist das Weidenröschen *(Epilobium angustifolium)* eine zuverlässige Weiserpflanze bezüglich der Rehwilddichte.

Der Hasenlattich *(Prenanthes purpurea)* ist keine echte Massenpflanze und wird überall gierig vom Rehwild geäst. Wo er dennoch in größerer Zahl vorkommt, hat der Jäger seine Arbeit ernst genommen.

In Revieren mit überhöhter Dichte an wiederkäuendem Schalenwild hat die Brombeere *(Rubus fruticosus)* wenig Chancen. Hat sie im Rehwildrevier aber erst einmal großflächig richtig Fuß gefasst, wird ihr das Wild so schnell nicht mehr Herr.

Ein sehr guter Weiser für die Tragbarkeit der lokalen Rehwilddichte ist der Türkenbund *(Lilium martagon)*.

gewisse Standortansprüche. Er lässt folglich meist Fragen offen. Erscheint er an passenden Standorten nicht, dürfen wir von einer – gemessen an der momentanen Situation – relativ hohen Rehwilddichte ausgehen. Finden wir ihn jedoch, heißt das nicht unbedingt, dass die Rehwilddichte in Ordnung ist. Im übrigen gilt für die Weiserpflanzen das selbe wie für die Hauptbaumarten: Je mehr zur Versamung bereit stehen und je günstiger die Standortverhältnisse sind, umso weniger Bedeutung hat der Einfluss des Wildes.
Das ist ja einer der Grundfehler, den viele Jäger immer wieder machen: Sie fragen danach, wie viele Rehe je 100 Hektar tragbar sind. Doch niemand weiß es, weil kein Revier wirklich dem anderen gleicht. Und letztlich ist es doch völlig egal, wie viel Wild es irgendwo gibt, wenn es selbst bei guter Kondition ist und die Qualität seines Lebensraumes nicht mindert!

Die Kondition des Wildes

In vielen Revieren könnten sich die Jäger sogar den Blick auf die Vegetation sparen, wenn sie wenigstens den körperlichen Zustand des von ihnen erlegten Wildes im Auge hätten. Wo die *Mehrzahl* der Kitze im September weniger als 10 kg (aufgebrochen mit Haupt) auf die Waage bringt, kann mit der Jagd irgend etwas nicht stimmen. Gewiss, auch bei geringer Rehwilddichte und optimalen Äsungsverhältnissen werden

Die Kondition des Wildes gibt uns viel zuverlässigere Hinweise auf die Tragbarkeit der Wilddichte und die daraus resultierende oder notwendige Nutzung als Zählversuche.

immer *einzelne*, extrem schwache Kitze zur Strecke kommen – aber eben nur einzelne. Im Allgäu, wo ich seit drei Jahrzehnten in unterschiedlichen Revieren jage, wogen sicher über 60 Prozent aller in der ersten Septemberhälfte erlegten Kitze bereits 10 kg und mehr. Im Spätherbst und Frühwinter waren es dann mehrheitlich zwischen 13,5 und 14,5 kg, einzelne Ausreißer wogen sogar bis 17 kg.

Entsprechend sind die Jahrlingsgewichte. Hier kommen regelmäßig Ausreißer bis 21 kg vor! Wenn man solche Zahlen vorträgt, werden die Gewichte meist mit Fütterung in Verbindung gebracht. Allerdings wird in den betreffenden Revieren überhaupt nicht gefüttert, was sich eher positiv auswirkt. Dies obwohl in manchen der letzten Winter der Schnee um unser auf 1000 Meter Seehöhe liegendes Haus bis knapp sechs Monate geschlossen liegen blieb! Wenn dann – sozusagen als Kontrastprogramm – in durchaus wintermilden Revieren das Gros der Schmalrehe und Jährlingsböcke unter 13 kg wiegt, kann mit der Wilddichte etwas nicht stimmen. Natürlich nimmt auch der Standort einen gewissen Einfluss auf die Körperstärke des Wildes. Doch daraus ergeben sich keine so großen Schwankungen, wie wir sie heute haben. Andererseits ist es ja gerade Sache unserer Abschussplanung, Standortunterschiede zu berücksichtigen. In äsungsarmen Revieren kann die Wilddichte eben nicht so hoch sein wie in äsungsreichen Revieren.

Nun ist es schwer, brauchbare Daten zur Kondition des Wildes zu bekommen. Alles was in die Abschussmeldungen einfließt ist mit Vorsicht zu bewerten, weil die Gewichtserfassung nicht einheitlich durchgeführt wird. So werden Böcke für den Verkauf teilweise mit, teilweise ohne Haupt gewogen. Manche Revierinhaber halten das tatsächliche Gewicht fest, andere notieren das reine Verkaufsgewicht, also nach Abzug entwerteter Teile. Grundsätzlich sollte für die Streckenliste so gewogen werden, wie wir das Wild in die Kammer oder auf den Hof bringen – aufgebrochen mit Haupt und noch ohne »Säuberungsschnitte«. Für den einzelnen Revierinhaber – so er Interesse hat – ist das kein Problem.

Also, wie schwer müssen meine Rehe jetzt sein, damit die Welt in Ordnung ist, wird der eine oder andere Leser jetzt fragen. Doch so genau weiß das der Verfasser auch nicht, weil er nicht alle Reviere kennen kann. Aber der Leser mag insbesondere beherzigen, was oben über die Kitze gesagt wurde! Es ist kein Zeichen besonderer Hegekunst, wenn das Gros der Strecke aus »Entsorgungsrehen« besteht.

Die vermähten Kitze

Weiser der Wilddichte sind auch die vermähten Rehkitze. Wo alljährlich viele vermäht werden, kann mit dem Wildbestand etwas nicht stimmen. Doch die Gedanken der meisten Jäger heften sich beim Thema Mähverluste an technische Dinge und sie glauben, die Kitze mit Hilfe der Technik vor den rotierenden Messern retten zu können. Selten nur werden die Ursachen für hohe Mähverluste hinterfragt. Es ist nämlich keineswegs so, dass Geißen ihre Kitze sozusagen aus Prinzip in Wiesen führen. Vielmehr sind Geißen ähnlich territorial wie Böcke. Jede hat ihre eigene Wohnung, auch wenn diese in der Regel kleiner ist als die eines Bockes und nicht gar so heftig verteidigt wird. Und natürlich wissen Rehgeißen um die in den Wiesen lauernden Gefahren. Aber ab einer bestimmten Siedlungsdichte haben sie überhaupt keine andere Wahl, als die Kitze in die Wiesen zu führen. Hinzu kommt, dass es in manchen Wäldern an ausreichend geeigneten Setz- und Ablegeplätzen fehlt, und das kann wieder eine Folge der Wilddichte sein, muss es aber nicht. Selbstverständlich soll hier nicht verallgemeinert werden, dazu sind die Reviere viel zu unterschiedlich. Und man wird durch eine Bestandsreduktion Mähverluste selten völlig ausschließen können. Aber eines lässt sich nachweisen. Nämlich dass mit einer dem Lebensraum angepassten Reduktion

Die Zahl der alljährlich in unserem Revier vermähten Kitze sagt uns etwas über die Tragbarkeit der Rehwilddichte. Diese kann – bezogen auf die örtlichen Verhältnisse – auch dann überhöht sein, wenn keine gravierenden Schäden an der Waldverjüngung entstehen. Eine höhere jagdliche Nutzung im Herbst kann die Mähverluste reduzieren, ohne dass wir Einbrüche befürchten müssen.

der Geißen die Zahl der vermähten Kitze deutlich zurück geht – in manchen Fällen dauerhaft auf Null!
Unbestritten spielt hier auch das Wald-Feld-Verhältnis eine Rolle. In einer weiten Wiesenlandschaft mit nur geringem Waldanteil, die aber ansonsten den Rehen ausreichend Strukturen und Deckung bietet, kann man die Rehe kaum so weit reduzieren, dass überhaupt keine Kitze mehr vermäht werden. Früher im Gießwald (württembergisches Allgäu), wo das Revier zur Hälfte aus Wald mit teilweise reicher Naturverjüngung und zur anderen Hälfte aus Wiesen bestand, hatten wir es geschafft. An Rehen war dennoch kein Mangel, denn wir erlegten – auf die reine Waldfläche bezogen – jährlich dauerhaft um die 35 Stück je 100 Hektar. Und auch im Gründels, ganz in der Nähe, sorgte schon mein Vorgänger für eine kräftige Reduktion. Nach Aussagen der dortigen Bauern wurden früher (in der guten alten Zeit...) in dem ebenfalls rund 300 Hektar großen und ebenfalls zur Hälfte aus Wiesen bestehenden Revier bis zu 30 Kitze vermäht! In den letzten Jahren gingen die Mähverluste auf null herunter. Allerdings hat sich auch die Bewirtschaftung der Wiesen fast dramatisch geändert. Früher wurde Heu geerntet und Grummet, allenfalls im Spätsommer noch auf der einen oder anderen Fläche Futtergras geschnitten. Heute werden die ersten Wiesen Mitte April gemäht und der Schnitt künstlich getrocknet. Es folgt der erste Siloschnitt, dann das Heu, das Grummet und immer wieder Silo. Die Wiesen sind folglich auch stärker beunruhigt als früher und die Deckung in den Wiesen ist zur Setzzeit nicht mehr so umfassend.
Doch das Fazit bleibt: Wer hohe Kitzverluste durch Mähmaschinen hat, muss seinen Geißenabschuss deutlich erhöhen!

Straßenfallwild als Weiser

Eigentlich müsste es jeder Hegeringleiter, jeder Jagdberater und jeder Kreisjägermeister wissen und bei den Abschussplanbesprechungen beherzigen: Wo der Fallwildanteil ein Drittel des festgesetzten Abschusses beträgt, steht die Wilddichte in keinem gesunden Verhältnis zu den Lebensraumverhältnissen! Darum ändert weder die eventuell gute Kondition der Rehe etwas, noch eine üppige Waldverjüngung.

Auch die Verkehrsverluste sind in Zusammenhang mit der Wilddichte zu sehen. Die jagdliche Abschöpfung bewegt sich häufig nur im Rahmen der kompensatorischen Sterblichkeit. Schießt der Jäger weniger, holt sich die Straße mehr.

Viele Jäger handeln hier völlig kontraproduktiv. Je mehr Opfer sich die Straße holt, um so weniger Rehe erlegen sie. Sie hegen, um der Straße genug Nachschub für die Autos bereit zu stellen. Das klingt hart und wird vielleicht vom einen oder anderen als Provokation empfunden, aber es ist so. Selbstverständlich gibt es ortsnahe Reviere, die so mit Straßen belastet sind, dass auch dann noch Verkehrsfallwild anfällt, wenn die Rehe fast zum Wechselwild werden (was nicht so schnell möglich ist). Aber selbst dann macht es ja keinen Sinn, die Rehwilddichte durch jagdlichen Verzicht künstlich hoch zu halten.
So lange der Jäger seinen Abschussplan noch mit »eigenen« Rehen erfüllt, tut er in der Regel gut daran, den nächsten Plan um die Zahl der überfahrenen Tiere zu erhöhen. Er wird das sicher nicht endlos tun können. Aber es geht länger als die meisten Jäger glauben, und die Zahl der Verkehrsopfer sinkt dabei. Was aber sind eigene Rehe, was fremde. Sie tragen ja weder Ausweise mit, noch Nummerntafeln. Nun, so ganz genau können wir in einem kleinen Revier selbstverständlich nie sagen, zu welcher »Firma« dieses oder jenes erlegte oder überfahrene Reh gehörte. Doch solange der Gesamtabschuss naturnahe strukturiert ist, sind es reviereigene Rehe. Was darunter zu verstehen ist, wollen wir nachfolgend erläutern.

Lehren aus der Trophäenschau

Es wurde schon viel Negatives über sie gesagt und vehement ihre Abschaffung gefordert. Und so, wie sie durch Jahrzehnte aufgezogen wurde und

heute noch von manchen Jägern verstanden wird, nämlich als Knochenolympiade, gehört sie sicher zum Müll der Jagdgeschichte. Wenn wir – statt die wenigen herangefütterten Knochen zu bewundern und zu prämieren – kritisch betrachten, was bei den Rehen in der Jährlingsklasse und bei den Hirschen bis zum dritten Kopf an den Wänden hängt, und ziehen wir die richtigen Konsequenzen daraus, dann ist die Trophäenschau gar kein schlechtes Instrument zur Findung einer angepassten Abschusshöhe!
Aber gelobt wurde ja – völlig unkritisch – immer derjenige, der die meisten auffallend *schwachen* Jährlinge brachte. Doch wenn bei den Rehen alljährlich fast nur Knopfer, Spießer und geringe Gabler und beim Rotwild nur lauscherhohe Spießer und endenarme Junghirsche an der Wand hängen, muss mit der Wilddichte irgend etwas nicht stimmen – entweder im eigenen Revier oder in einem benachbarten, aus dem permanent Zuwanderung erfolgt! In stark bejagten Rehwildrevieren (in Abhängigkeit von der Lebensraumqualität) schiebt die Mehrzahl der Jährlingsböcke Sechsergeweihe oder zumindest stärkere Gabeln. Der Spießer ist keineswegs der typische Jährling, sondern innerhalb dieser Klasse der Ausreißer nach unten!
Selbstverständlich geben uns auch die Böcke und Hirsche aller übrigen Altersstufen Hinweise darauf, ob die Wilddichte akzeptabel ist, beziehungsweise darüber, ob wir mehr nutzen können oder sogar müssen. Es kommt eben nicht darauf an, immer wieder einmal ein starkes Geweih an die Wand zu hängen, sondern auf den Durchschnitt. Das Alter der mehrjährigen Reh-

Die Trophäenschau spiegelt die Verhältnisse im Revier. Wo fast nur noch Jährlingsböcke hängen lebt man von Zuwanderern. Wo aber die Mehrjährigen dominieren und Jährlinge in der Minderheit sind, muss es viel (vielleicht zu viel?) Rehwild geben. Achten sollten wir auch besonders auf die Körpergewichte der Jährlinge.

böcke kennen wir nicht, das der Hirsche nur ungefähr. Folglich ist auch jede Diskussion darüber »leeres Stroh gedroschen«.

Statt sinnlos und unsere Glaubwürdigkeit weiter beschädigend über ein paar Rehe mehr oder weniger auf dem Abschussplan zu feilschen, sollten wir – wo es die Trophäen- bzw. Hegeschau noch gibt – die Augen öffnen und Konsequenzen ziehen. Aus dem, was dort an der Wand hängt, erfahren wir eine Menge über die Rehe selbst und über die Höhe einer sinnvollen Nutzung. Allerdings hält auch die Trophäenschau nicht immer und überall das was wir uns von ihr versprechen. Besonders das Rotwild wird vielerorts regelrecht gemästet. Dann hängen mitunter trotz vegetationsschädigender Wilddichten überaus imposante Trophäen der Junghirsche an der Wand, die eine angepasste Wilddichte nur vortäuschen.

Wo kommen die vielen Jährlinge her?

Reviere, in denen, bezogen auf die tatsächlich vorhandenen Rehe, stark gejagt wird, erkennen wir schnell am Anteil der Jährlinge (männlich wie weiblich) an der Gesamtstrecke. Allerdings ist auf Trophäenschauen – revierbezogen – nichts über den Anteil erlegter Schmalrehe zu erfahren. Denn Papier ist geduldig und den Statistiken der Hegeringe nicht unbedingt zu trauen. Erstens werden viele Streckenlisten einfach entsprechend den amtlichen Abschussvorgaben ausgefüllt. Zweitens ist es im Herbst und Winter kaum noch möglich, nicht führende Geißen und Schmalrehe halbwegs sicher zu unterscheiden. Das Schmalreh kann durchaus schwerer sein als die Geiß. Und andere, wirklich zuverlässige Altersweiser gibt es nicht. Je höher die Rehwilddichte, umso höher ist auch der Anteil schwacher und kitzloser Geißen. Es kann aber auch völlig anders sein, nämlich dass in eher dünnen Rehwildbeständen immer wieder einzelne Schmalrehe führen, weil sie bereits im Kitzalter beschlagen wurden! So werden Geißen auf dem Papier in Schmalrehe verwandelt und umgekehrt.

Von bescheidenem Wert sind übrigens auch die Angaben zum Wildbretgewicht. Jeder wiegt und verbucht auf seine Art. Immer häufiger wird Wild mit schlechten Schüssen schon im Revier draußen saubergeschnitten und erst danach gewogen. Daher kann man sich nur auf die eigenen Zahlen

verlassen, und auch das nur, wenn man das erlegte Wild immer in vergleichbarem Zustand wiegt.
Jedenfalls sind hohe Jährlingsanteile an der Strecke (aber auch bei den Sichtbeobachtungen) ein Hinweis dafür, dass im betreffenden Revier der Rehwildgrundbestand schon deutlich abgebaut wurde. Was zuwandert und die Strecken hoch hält sind eben Jährlinge – ältere Rehe wandern nur äußerst selten!
In stark bejagten Revieren, insbesondere in manchen Staatsjagden, kommen fast nur noch Jährlinge und allenfalls der eine oder andere Zweijährige zur Strecke. Auf der weiblichen Seite fallen die zahlreichen Schmalrehe auf, die gleich zu Beginn der Schusszeit erlegt werden. Dagegen ist zwar nichts einzuwenden, es ist aber ein Zeichen dafür, dass in Revieren der näheren oder weiteren Umgebung noch hohe Rehwilddichten vorhanden sein müssen. Die in stark bejagten Revieren durch Jahre hoch bleibenden Jahrlingsanteile beweisen, dass direkte oder entferntere Nachbarn zumindest beim Kitzabschuss kräftig »mauern«.
Rot- und Damwild lebt in festen Rudelgemeinschaften und einjährige Tiere wandern nicht in dem Maße ab wie wir es von den Rehen kennen. Gleichwohl ist es wichtig, die Schmalspießer und Schmaltiere so weit und korrekt als möglich zu erfassen. Denn wenn wir ihrer Zahl jene der bereits erlegten Kälber des selben Geburtsjahrganges zurechnen, erfahren wir über die Zahl der Alttiere meist viel mehr als bei allen Versuchen, den Wildbestand insgesamt zu erfassen. Angenommen, wir zählen 25 Schmalspießer und Schmaltiere und haben im Vorjahr 20 Kälber erlegt, dann müssen mindestens um die 50 Alttiere vorhanden gewesen sein. Denn nicht jedes wird ein Kalb gesetzt haben und nicht jedes gesetzte Kalb dürfte bis zur Schusszeit gelebt haben. Zumindest im Gebirge müssen wir überdies mit Winter- und Spätwinterfallwild bei den Kälbern rechnen.

Nicht nur die Zahl, auch die Kondition der Jährlinge gibt Hinweise auf eine eventuell notwendige Abschusserhöhung.

Rückrechnung

Wenn die Angaben brauchbar wären …

Bei Arten, die mehrheitlich durch die Jagd oder den Straßenverkehr ihr Leben verlieren, bei denen also die sonstige Mortalität eher gering ist, lässt sich – theoretisch – auf einen bestimmten Geburtsjahrgang rückrechnen. Eine relativ geringe natürliche Sterblichkeit ist immer mit einer hohen natürlichen Lebenserwartung verbunden. Beides trifft bei uns nur auf das Rot- und Damwild zu. Unter etwas ursprünglicheren Lebensbedingungen als sie bei uns in Mitteleuropa heute gegeben sind, sorgen Wölfe für entspre-

Modell der Rückrechnung auf den Ausgangsbestand beim Rotwild

Jahrgang	Alter							
	0	1	2	3	4	5	6	7
1968	448	346	74	38	15	10	7	15
1969	370	256	89	28	22	10	8	20
1970	354	191	74	39	26	12	9	13
1971	339	214	109	45	24	15	26	12
1972	251	249	104	45	12	11	15	20
1973	319	244	135	40	27	13	14	15
1974	340	197	119	65	20	17	18	15
1975	324	183	136	55	35	19	17	8
1976	353	190	105	82	30	23	12	18
1977	347	304	160	47	30	14	8	8
1978	530	282	107	38	23	8	7	9
1979	460	290	94	55	31	11	10	
1980	424	258	92	46	17	11		
1981	343	214	108	52	15			
1982	346	239	80	44				
1983	341	255	93					
1984	291	231						
1985	300							

(Zahlen aus dem Rotwildring Harz)

chende Abgänge. Doch deren Part haben wir übernommen, was unseren »buchhalterischen Pflichten« sehr entgegen kommt.
Das Prinzip der Rückrechnung ist – scheinbar – einfach. Man addiert mindestens zehn Jahre hindurch korrekt alle Abgänge eines bestimmten Geburtsjahrgangs und kommt so – ganz grob – zur Mindestzahl an Alttieren, die im Geburtsjahr vorhanden gewesen sein müssen. Allerdings gibt es, auch bei dieser Methode, zahlreiche Unwägbarkeiten. So ist die Einordnung des erlegten Wildes in einen bestimmten Jahrgang recht subjektiv. Man muss folglich – ausgenommen Kälber und Jährlinge – bei jedem erlegten Stück einen Schneidezahnschliff durchführen und die Zementzonen auszählen, um zu einem brauchbaren Ergebnis zu kommen. Das ist aber, ausgenommen in den Landesforsten, kaum irgendwo durchsetzbar, zumindest nicht beim weiblichen Wild. Beschränkt man sich jedoch auf die männlichen Tiere, wird ein großer Unsicherheitsfaktor mit eingebaut,

Alter								
8	9	10	11	12	>	Sa	X 2	
15	8	15	16	12	40	1059	2118	2969
14	15	17	11	10	33	903	1806	2369
22	18	19	7	16	34	834	1668	2046
32	18	20	12	9	36	911	1822	1842
15	19	22	16	14	37	830	1660	1574
25	24	13	20	10				1857
21	16	13	18					1881
16	12	18						1708
16	10							1688
19								1731
								2461
								2431
								2256
								1892
								1835
								1876
								1717
								1680

denn es ist keineswegs so, dass Rotwildkälber immer im Verhältnis 1:1 geboren werden. Wie bei den Rehen so kann sich auch beim Rotwild das Geschlechterverhältnis deutlich nach der einen oder anderen Seite verschieben. In den Landesforsten des Rotwildrings Harz beschränkte man sich trotzdem auf die Erfassung des männlichen Wildes und multiplizierte die Summe mit zwei.
Rückrechnungen sind nur dann von einem gewissen Wert, wenn sie die kompletten Abschussdaten eines größeren Gebietes als Grundlage haben – und wenn diese stimmen! Wanderungen dürfen im betreffenden Gebiet keine große Rolle spielen. Rückrechnungen für eine Fläche unter 10.000 Hektar (absolute Untergrenze) sind von äußerst bescheidenem Wert, es sei denn, es handelt sich um ein isoliertes Rotwildvorkommen, bei dem Zu- und Abwanderer in relevanter Zahl ausgeschlossen werden können.
In den meisten Rotwildgebieten, in denen private Kleinreviere dominieren, dürften die vorgelegten Abschusszahlen von eher bescheidenem Wert sein. Schon die Aufteilung der Kälber in männlich und weiblich wird häufig nach »Notwendigkeit« vorgenommen, das heißt, entsprechend dem Abschussplan, nicht nach dem tatsächlich erfolgten Abschuss. Reulecke schreibt, dass selbst im Rotwildring Harz (überwiegend Staatsforst) die geschlechtsmäßige Einordnung der Jährlinge wenig glaubhaft gewesen sei.
Der gravierendste Nachteil der Rückrechnung ist, dass es 20 Jahre dauern kann, ehe das letzte Stück eines Jahrgangs tot ist. Reulecke meint allerdings, und da hat er sicher recht, dass bei intensiver Bejagung nach 15 Jahren der »Bodensatz« eines Jahrgangs so gering ist, dass wir ihn vernachlässigen können. Egal, welche Feinheiten wir in die Rückrechnung einbauen, wir erhalten nie ein Bild der *momentanen* Situation. Sie erlaubt uns nur eine grobe Feststellung, wie genau oder ungenau Wilddichte und Zuwachs im Geburtsjahr des jeweiligen Jahrgangs angeschätzt wurden.
Dass die von den Jägern gelieferten Abschusszahlen nicht immer »wasserdicht« sein können, wird schon an der geringen Zahl von Hirschen deutlich, die in die Altersklasse einwachsen. Rechnerisch müssten es fast überall viel mehr sein. Etwas vereinfachend und sicher nicht überall zutreffend lässt sich sagen: Wo Rotwild in Revieren mit geringem Waldanteil nur sporadisch vorkommt, wird – insgesamt – eher mehr geschossen, als der Abschussplan frei gibt. Dort, wo es ständig seinen Einstand hat, ist eher die Tendenz gegeben, den Abschuss beim weiblichen Wild nicht zu erfüllen.

Sonstige Möglichkeiten der Wilderfassung

Losungszählung als Beschäftigungstherapie?

Der Versuch, auf Probeflächen Losungshaufen zu zählen und aus deren Anzahl die Siedlungsdichte einer bestimmten Wildart zu ermitteln, ist nicht neu. Bereits in den 30er-Jahren des vergangenen Jahrhunderts beschäftigten sich damit Wildbiologen in Nordamerika und nannten sie »pellet group counting«.

Wenn sich Wildbiologen mit der Zählung von Rotwildlosung beschäftigen, mögen sie ihre Gründe dafür haben. Wenn dies Forstleute tun, müssen sie unterbeschäftigt sein oder es fehlt ihnen der Blick für den Wald! Gleichwohl erfreut sich diese Beschäftigung in einigen deutschen Gauen ministerialer Gunst. Dabei ist die Frage, wie viele Stück Rotwild in einem bestimmten Gebiet leben, ziemlich akademisch. Für die jagdliche Praxis ist doch nur relevant, ob der vorhandene Rotwildbestand »umweltverträglich« ist oder nicht. Ist er es nicht, so wären zunächst die Ursachen zu prüfen (schließlich entscheidet ja nicht nur die absolute Zahl des Wildes über das Maß der Schäden, die es verursacht) und aus dem Ergebnis die richtigen Konsequenzen zu ziehen.

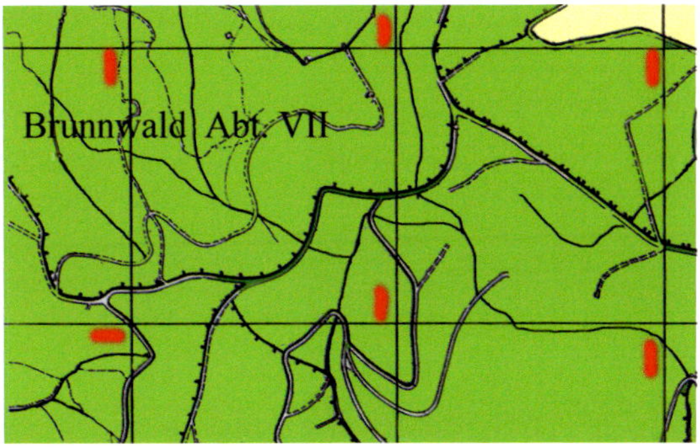

Über die Revierkarte wird ein Raster gelegt, dessen Schenkellänge in der Natur 600 Meter misst. Jedem Rasterkreuz wird eine Traktfläche von 50 Meter Länge und 2 Meter Breite zugeordnet.

Über die Struktur eines lokalen Rotwildbestandes sagt die gefundene Losung ohnehin nichts aus. Nicht einmal das Geschlechterverhältnis lässt sich daraus ablesen, es sei denn, man glaubt immer noch an das längst widerlegte Ammenmärchen von Zäpfchen und Näpfchen. Allenfalls lassen sich die gefundenen Verdauungsrückstände zwischen Kälbern und älteren Stücken aufteilen. Für eine Rotwildbewirtschaftung im traditionellen (gescheiterten) Sinne ist das freilich viel zu wenig, und zur Findung der notwendigen Abschusshöhe ist sie nicht nur entbehrlich, sondern unter Umständen auch höchst irreführend. Dennoch soll die Methode der Losungszählung kurz vorgestellt werden. Der Leser möge sich dann selbst ein Urteil bilden.
Arbeitsgrundlage der Losungszählung ist die Revierkarte, über die ein Gitternetz gelegt wird. TOTTEWITZ und STUBBE empfehlen eine Schenkellänge in der Natur von 600 Meter. Jedes Planquadrat beinhaltet folglich eine Fläche von 36 ha. Bei jedem der so entstandenen Schnittpunkten wird eine Probefläche angelegt, auf der die vorhandene Losung zunächst weggeräumt und die anschließend neu abgelagerte Losung nach einem gewissen Zeitraum gezählt wird. Im Wald sind Traktlinien von 50 m Länge üblich; aufgenommen wird die Losung je einen Meter rechts und einen links dieser Linie, also 100 m^2. Auf unbestockten Flächen, etwa Waldwiesen, werden Probekreise mit einem Radius von 5,64 m empfohlen.
Die Anlage soll im Herbst erfolgen, die Aufnahme frühestens nach 100 Tagen, also im Spätwinter oder zeitigen Frühjahr. Aufgenommen werden alle im Trakt oder Probekreis vorhandenen Losungshäufchen. Anschließend wird nach einer Formel auf den vorhandenen Wildbestand hochgerechnet. Dazu muss zunächst bekannt sein, wie viele derartige Losungshaufen Tiere der verschiedenen Schalenwildarten pro 24 Stunden absetzen. Dieser Wert wird

Die »Zerfallszeit« der Rotwildlosung hängt wesentlich vom Kleinstandort ab. Losungszählungen sind als Grundlage des Abschussplanes auch entbehrlich, weil ein Blick auf die Vegetation ungleich mehr sagt und deutlich weniger Aufwand bedeutet.

Defäkationsrate genannt. Tottewitz und Stubbe nennen folgende, aus Gatterbeobachtungen stammende Werte:

Wildart	**Defäkationsrate**
Rotwild	19
Damwild	24
Muffelwild	14
Rehwild	14

Errechnet wird der jeweilige Wildbestand **(N)** aus der Anzahl der ermittelten Losungshaufen **(LH)**, multipliziert mit dem Wert 10.000. Das Zwischenergebnis wird geteilt durch den Wert der entsteht, wenn man die Anzahl der Stichprobenflächen **(n)** mit der Größe der Stichprobenfläche in m^2 **(s)** multipliziert, dann das Ergebnis mit der Defäkationsrate **(DF)** und dieses Ergebnis mit der Länge des Untersuchungszeitraumes in Tagen **(t)**. Etwas übersichtlicher wirkt sicher die nachstehende Gleichung.

Selbst wenn es gelänge, mittels Losungszählung brauchbare Bestandsangaben zu bekommen, dann würden diese noch rein gar nichts über die Tragbarkeit des vorhandenen Wildbestandes aussagen. Da vermittelt uns ein Blick auf die Vegetation mehr Wissen.

$$\text{Wildbestand} = \frac{12\ (LH) \times 10.000}{4\ (n) \times 100\ (s) \times 19\ (DF) \times 120\ (t)}$$

Praxisprobleme

Wenn man bedenkt, dass die Größe der Forstreviere in den Altbundesländern inzwischen auf 2000 Hektar und mehr angehoben wurden, im Privatdienst teilweise auf 3000 Hektar und bei den österreichischen Bundesforsten sogar auf 4000 Hektar, dann wird schnell deutlich, dass hier bei den Förstern die Grenzen der Zumutbarkeit überschritten werden, zumal sie ja zusätzlich auch noch turnusmäßig aufwändige Vegetationserhebungen durchzuführen haben. Bei nur 2000 Hektar Dienstbezirksgröße wären 55 Probeflächen zu betreuen, und das neben der eigentlichen Arbeit!

Um zu sehen, ob der Rotwildbestand für die örtlichen Verhältnisse zu hoch ist, muss man nicht die Losung zählen...

Beim Rehwild machen solche Verfahren ohnehin keinen Sinn, da es völlig egal ist, wie viele Rehe wo leben, vorausgesetzt sie kümmern nicht und lassen die Waldverjüngung hoch kommen. Das aber sieht jeder halbwegs interessierte Förster, Waldbesitzer oder Jäger auch so. Auch beim Rotwild bedarf es derartiger Aufnahmen nicht, und sie birgt sogar neuen Zündstoff im Konflikt zwischen Forstverwaltung und privaten Jägern. Denn wer soll die Losung in den verpachteten Genossenschaftsrevieren aufnehmen – die Förster oder die Jäger?
Wie zählt man die Losung in den großflächig sturmgeschädigten Revieren? Wie findet man zuverlässig und komplett die Losung im hohen Waldgras, wie in der hageldichten Naturverjüngung des Altholzes?
Zu bedenken ist die unterschiedliche Zerfallszeit der Losung. Hier spielen Temperatur und Feuchtigkeit eine große Rolle. Es soll die Losung von mindestens 100 Tagen aufgenommen werden. Im Gebirge ist ab Oktober mit Schnee zu rechnen. Die Probeflächen müssen aber schon vorher festgelegt und von bereits vorhandener Losung befreit werden. In manchen Jahren sind schattseitige Hänge oder auch schattige Talböden bis in den April hinein mit Schnee bedeckt. In ungünstigen Jahren und Lagen können also zwischen Einrichtung der Fläche und Losungsaufnahme 200 Tage vergehen! Wo der Schnee nicht wie im engeren Fütterungsbereich festgetreten ist, sinkt die sich durch ihre dunkle Farbe erwärmende Losung rasch ein und verschwindet. Liegt am Zähltag noch Schnee, entsteht ein völlig verfälschtes Ergebnis. In milden Lagen wird sie schnell von Reduzenten zersetzt.
Werden die Trakte, wie im Gebirge notwendig, frühzeitig eingerichtet, verschwindet ein Teil der Losung unter Laub und Lärchennadeln. Also alles in allem ein sehr fragwürdiges Verfahren, das zumindest nicht überall praktikabel und vor allem zur Findung der Abschusshöhe überhaupt nicht erforderlich ist.

Am ehesten lässt sich dieses Verfahren in Revieren anwenden, in denen die Schalenwildbestände so hoch sind, dass sich (wie in vielen ostdeutschen Wäldern) nicht einmal die Kiefer verjüngt. Dort sind die Waldböden sauber und zählgerecht...

Akustische Zählung

Die Reviere, in denen die Rebhühner der Bejagung wegen gezählt werden, sterben zumindest in Deutschland langsam aber sicher aus. Fast überall sind die Besätze so stark geschrumpft, dass es sich die Jäger gar nicht mehr leisten können, im Herbst ein paar Hühner zu schießen. Selbst dort, wo der Besatz eine sparsame Bejagung noch zu lässt, verzichten die meisten Revierinhaber freiwillig. Einfach weil der Druck von Seite der Öffentlichkeit zu groß geworden ist.

In der Niederwildkarte halten wir beispielsweise im März die Paarhühner fest (= P), im September und im Winter nochmals die Stärke der Ketten, z. B. 7/5. (Musterkarte des Büros für Forstliche Datenverarbeitung, Obervellach.)

Aber an einer Bestandserfassung muss jeder rechte Jäger interessiert sein, auch wenn an eine Bejagung nicht mehr zu denken ist. Sie lässt sich überdies ziemlich problemlos durchführen. Jedenfalls sind Rebhühner, infolge ihrer Lebensweise, leichter und genauer zu zählen als alle anderen heimischen Wildarten. Im Sommer halten die Familien fest zusammen. Im Herbst vereinigen sich – vorausgesetzt es gibt noch genug – zwei oder mehr Familien zu einem Volk. In der Gemeinschaft des Volkes steigen die Chancen des Einzelhuhns, den Winter zu überleben. Im Spätwinter – bei milder Witterung so ab Ende Februar – lösen sich die Völker auf. In dieser Zeit beginnt die Paarbildung. Bereits im Vorjahr verpaarte Altvögel tun sich wieder zusammen und Junghühner finden sich. So lange das Wetter winterlich und unberechenbar ist, bleiben die verpaarten Hühner im Volk. Aber die im Winter so überlebenswichtige feste Bindung der Familien bröckelt. Doch wenn vorübergehend der Winter zurück kehrt, finden sich manche der bereits in Auflösung begriffenen Ketten neuerlich zusammen. Letztendlich sondert sich doch ein Paar nach dem anderen endgültig ab und macht sich auf die Suche nach einem Brutrevier. Wer aber letztlich wo brütet – die endgültige räumliche Verteilung der Paarhühner – steht jedoch erst kurz vor Legebeginn fest.

Wer im Frühjahr die meldenden Rebhähne verhört und sich in der Revierkarte vermerkt, weiß wie viele Paarhühner vorhanden sind. Hinzu kommt ein kleiner Prozentsatz an unverpaarten Hühnern.

Auch wenn wir auf die Bejagung der Rebhühner freiwillig verzichten, sollten wir im Herbst die Ketten zählen und ihre Kopfstärke feststellen. Am einfachsten (und vergnüglichsten) geht das mit einem Vorstehhund.

Mit dem Hund die Ketten suchen

Natürlich interessiert den Jäger, wie viele Nachkommen die Hühner seines Reviers in den Herbst führen konnten. Auch das lässt sich relativ leicht feststellen, vorausgesetzt man hat einen Hund, der zuverlässig sucht und vorsteht. Die erste Aufnahme erfolgt zur selben Zeit, in der früher traditionell die Hühner gesucht wurden – im September. In der Regel weiß der Jäger ohnehin in welchen Flurstücken sich die Ketten aufhalten. Aber jetzt ist die Vegetation noch hoch, und auf den Feldern steht noch die Frucht. Daher werden die Hühner mit dem Vorstehhund gesucht. Das ist eine schöne Sache für den Jäger und eine hervorragende Übung für den Hund. Noch liegen die Hühner relativ fest, man kommt gut an sie ran und kann genau zählen. Jetzt erinnern wir uns auch der im März angelegten Paarhuhn-Karte. In diese tragen wir die Fundorte der Ketten und deren Stärke ein. Natürlich wird man die Hühner auch nach der Probesuche weiterhin beobachten und Veränderungen in der Karte festhalten. Dadurch entsteht auf dem Papier ein ganz gutes Bild, nicht nur über Zuwachs und Verluste während der Herbst- und Winterwochen, sondern auch über die Raumnutzung der Hühner. Führt man diese sicher etwas aufwändige Arbeit einige Jahre durch, kristallisieren sich positive wie negative Faktoren heraus, welche die Siedlungsdichte und den Fortpflanzungserfolg der Hühner beeinflussen.

Zählfahrten mit dem Auto

Bemühungen, die Fasane im Winter an den Schütten zu zählen, sind meist von bescheidenem Erfolg gekrönt. Abgesehen davon dienen diese Schütten mehr den Beutegreifern, Hähern, Kleinvögeln und Mäusen als den Fasanen. Gezählt wird erst, wenn sich die Wintergemeinschaften aufgelöst und die Hähne mit ihren Hennen Brutreviere bezogen haben, aber unbedingt noch vor Brutbeginn! Das ist im April. Jetzt bietet die Vegetation den Fasanen zwar Deckung, ist aber noch nicht so weit fortgeschritten, dass sie uns verborgen bleiben.

Während wir die Paarhühner im März vor allem akustisch zählen, also »verhören«, kommt es uns bei den Fasanen auf Sichtbeobachtungen an. Die Rufe der Hähne zeigen uns nur ihre Standorte an. Am leichtesten lassen sich Fasane in den frühen Morgenstunden vom Auto aus zählen, entweder gleich nach dem Hellwerden oder in den zeitigen Vormittagstunden.

Dabei sollte man mindestens zu zweit oder besser noch zu dritt sein – einer fährt, die anderen schauen. Im Gegensatz zu den Scheinwerfertaxationen der Feldhasen muss nicht in gleichmäßigem Tempo durchgefahren werden. Im Gegenteil, man bleibt immer wieder stehen und sucht mit dem Glas die Felder ab. Dabei erweist sich manchmal sogar ein Spektiv als hilfreich. Die Aprilzählungen müssen zumindest zweimal wiederholt werden, um

Wenn sich die Fasanenhähne im Frühjahr mit ihren Harems aufteilen und eigene Reviere beziehen, lassen sie sich ganz gut vom Auto aus zählen.

halbwegs brauchbare Zahlen zu liefern. Dabei soll die Wettersituation möglichst vergleichbar sein, was sich nicht immer machen lässt. Für alle Fälle wird die Wetterlage auf der Zählkarte vermerkt. Die Mehrzahl der Jäger ist beruflich eingespannt und kann daher nur am Wochenende zählen. Samstag morgens ist oft viel Unruhe im Feld (Nebenerwerbslandwirte, Jogger usw.), was die Sichtbarkeit der Fasane nachteilig beeinflusst. Deutlich besser sind die Frühstunden des Sonntags, es sei denn, wir haben ein Stadtrandrevier.

Laufend Gesperre notieren

Bei Rebhühnern zählt man die Hähne und unterstellt dieselbe Anzahl Hennen. Fasane lassen sich nicht so leicht und sicher erfassen. Zwar machen die Hähne im Frühjahr mit ihren Rufen und dem Flügelklatschen auf sich aufmerksam, wir können aber nicht jedem Hahn eine fixe Zahl Hennen zuordnen. Auch wenn wir einen Hahn mit seinem Harem bei der Nahrungssuche im Feld beobachten, ist nicht sicher, dass wir auch alle Hennen sehen. Im Spätsommer und Herbst haben wir die gleiche Situation. Grundbestand und Zuwachs sind folglich etwas schwerer zu erfassen als bei den Rebhühnern. Umso wichtiger ist es, dass wir uns laufend alle beobachteten Gesperre notieren. Dabei werden wir erleben, wie schnell die Anfangs noch zahlreichen Küken und Jungfasane schrumpfen. Vor Aufgang der Schusszeit kirren wir an geeigneten, vom nächsten Weg etwas entfernt liegenden, aber von dort aus gut einsehbaren Stellen mit Getreide an. Jedes Gesperre soll seine eigene Kirrstelle haben. Dieser kleine Aufwand erleichtert uns das Zählen vom Auto aus.

Im Frühjahr und Sommer notieren wir uns regelmäßig die Fasanengesperre. Die Zahl der Jungfasane nimmt bis zum Herbst noch stark ab.

Bei Mond und Schnee zählen

Nicht überall erlaubt das Gelände die Scheinwerfertaxation, und nicht in jedem Revier ist sie notwendig. Ich selbst jage seit vielen Jahren im Alpenvorland (600 bis 1200 m Seehöhe). Dort wird vielleicht der eine oder andere Küchenhase geschossen, in manchen Jahren auch gar keiner. Im Sommer sind beim Ansitz fast immer erstaunlich viele Hasen zu sehen. Aber im Herbst ist dann absolut »tote Hose«. Die älteren Jäger behaupteten immer, die Hasen würden allherbstlich abwandern – ins Unterland oder an den Bodensee. Natürlich stimmt das nicht. Ein Teil der Junghasen mag der Kokzidiose zum Opfer fallen, die anderen ziehen sich in den Wald zurück. Doch auch bei den kleinen Drückjagden im Wald wird höchst selten ein Hase gesehen.

Zu sehen sind sie allerdings beim Fuchsansitz in mondhellen Nächten und zwar mehrheitlich erst nach 19 Uhr. Dann verlassen sie den Wald, um draußen zu äsen. Es sind erstaunlich viele, die da erscheinen! Zwar kann ich nicht jeden Wiesenwinkel absuchen, weil es an den erforderlichen Hochsitzen und

Insgesamt gesehen steht es um die Hasen längst nicht so schlecht wie immer getan wird. Und davon, dass der Feldhase in Deutsch-land, der Schweiz oder Österreich vom Aussterben bedroht sei, kann überhaupt keine Rede sein.

an der Zeit fehlt und weil ich das Revier nicht abfahren kann. Trotzdem ergab sich im letzten Winter eine Mindesthasendichte von 5,3 Hasen/100 ha, und das in 700 m Seehöhe!
Natürlich wäre die Hasenzählung bei mir verzichtbar, denn ich beabsichtige ja ohnehin keine ernsthafte Nutzung, es interessiert mich einfach. Und natürlich sind zwei Voraussetzungen notwendig – Schnee *und* Mond. Mit dem normalen Jagdglas lassen sich Hasen in hellen Nächten bis 300 m ganz gut erkennen. Und während uns die Dunkelziffer beim Schalenwild Sorgen macht, ist sie beim Hasen ohne großen Belang. Wir können unsere Zählung auch etwas rationalisieren, in dem wir die Hasen in Sichtweite unserer »Zählhochsitze« mit Zuckerrüben, Kohlstrünken, Kleeheu usw. etwas ankirren. Bei Mond und Schnee laden wir dann ausreichend Freunde zum Nachtansitz auf den Fuchs ein. Dabei notiert jeder die von ihm beobachteten Hasen. Der Schuss auf den Fuchs stört die Hasen kaum.

Karten als Gedächtnisstützen

Wir leben in einer Zeit der Reizüberflutung und werden unablässig mit Zahlen, Fakten und Erlebnissen überschwemmt. Da sind es nicht die ersten Anzeichen beginnender Alzheimer, wenn unser Hirn nicht alle Begegnungen mit Wildtieren zuverlässig und detailliert speichert. Wir sind gezwungen, uns immer mehr aufzuschreiben. Am schnellsten und übersichtlichsten geht das mit Hilfe von Revierkarten. Solche sind allerdings teuer und zudem unhandlich. Doch fast jeder hat heute einen Computer. Und die wenigen Glücklichen, die noch ohne solches Teufelswerk auskommen, haben zumindest einen PC-belasteten Freund, der ihnen aushilft.
Wir scannen unsere Revierkarte einfach ein und speichern sie auf eine CD. Natürlich lassen sich die Daten auch auf der Festplatte lagern; dort können wir sie aber im Falle eines PC-Absturzes auch leicht verlieren. Große Karten lässt man am besten zunächst verkleinern und kopiert dann einzelne Sektoren heraus. So lassen sich später Kartenblätter im A4-Format ausdrucken. Es hat sich auch bewährt, zuvor ein Gitternetz über die Karte zu legen. Man tut sich dann mit Notizen, Beschreibungen usw. leichter.

Weil mein Gedächtnis Löcher hat, ging ich schon vor Jahren dazu über, Begegnungen mit Rehen, Fallwild und Abschüsse in eine alljährlich neu aufgelegte Revierkarte einzutragen. Das ist eine ganz simple Sache, aber überaus informativ. In der optisch komprimierten Rückschau lässt sich viel erkennen.

Eingetragen werden alle von uns erstmals gesehene und nach Geschlecht und Alter angesprochenen Rehe. Altersmäßig wird nur unterschieden zwischen Kitz, Jährling und Mehrjährig. Mehr ist gar nicht möglich und das genügt auch. Natürlich besteht immer wieder die Gefahr, dass wir bereits erfasste Rehe in einer anderen Ecke sehen und somit doppelt vermerken. Das ist insofern nicht tragisch, als wir ja nicht die Gesamtzahl der im Revier lebenden Rehe ergründen, sondern eher etwas über die Dunkelziffer erfahren möchten. Letzteres wird möglich, wenn wir jedes erlegte oder überfahrene Reh, sofern es eingetragen war, ausstreichen oder, wenn im Bereich der

Einen guten Überblick bietet die Rehwildkarte, in der das gesehene Wild mit Buchstaben (B = Bock, G = Geiß usw.) vermerkt und nach Erlegung durchgestrichen wird. (Musterkarte des Büros für Forstliche Datenverarbeitung, Obervellach.)

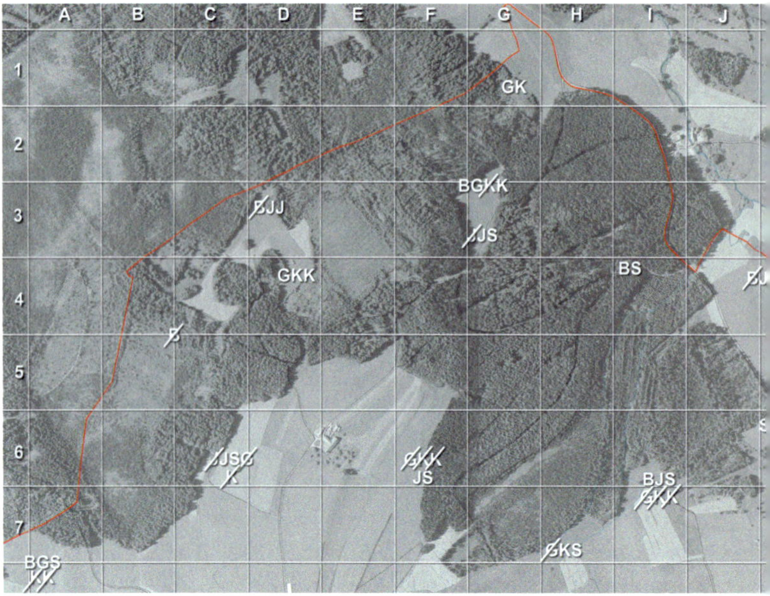

betreffenden Örtlichkeit noch keines eingetragen war, durchgestrichen nachtragen.
Viele durchgestrichene Rehe werden neuerlich auf unserer Karte erscheinen, nicht selten mehrfach. Da sahen wir beispielsweise in einer bestimmten Ecke immer nur ein Schmalreh, nie zwei oder gar drei. Es wurde in der Karte vermerkt, irgendwann erlegt und durchgestrichen. Doch plötzlich sehen wir in der gleichen Revierecke wieder ein Schmalreh, und das »Spiel« beginnt von vorne.
Haben wir nun tatsächlich zu Beginn ein und dasselbe Schmalreh zweimal eingetragen, ist das Ergebnis genau dasselbe: Es wurden zwei Schmalrehe gesehen und zwei erlegt. Bestehen Zweifel, ob ein bestimmtes Stück bereits eingetragen ist oder ob eine Neubeobachtung vorliegt, so verzichte ich auf den Neueintrag.
Kritiker mögen diese Art der Rehwilderfassung als ungenau und wissenschaftlich nicht haltbar abtun. Aber sie öffnet uns – sofern wir uns beim Abschuss nicht verweigern – die Augen über die mögliche Dunkelziffer. Dabei ist völlig klar, dass wir längst nicht alle Doppelgänger sehen, einfach weil unsere Beobachtungszeit begrenzt ist und weil sich die Vorlieben der Rehe bei der Raumnutzung im Jahresablauf ständig ändern.
Brauchbare Karten benötigen wir natürlich bei jeder Wilderfassung, egal ob Rotwild, Feldhase oder Rebhuhn. Und gerade beim Niederwild sollten wir zusätzlich die landwirtschaftliche Nutzung festhalten. Natürlich muss nicht für jede einzelne Ackerparzelle die Nutzung festgehalten werden, wohl aber die größeren oder die für das Wild besonders wichtigen Kulturen. Auf alle Fälle auch fixe Strukturen wie Hohlwege, Hecken, Feldgehölze, Hochstammobst, Altgrasraine usw. Diese zeichnen wir schon vor dem Scannen in unsere Grundkarte ein.
Später werden wir beim Betrachten und Vergleichen der aus verschiedenen Jahren stammenden Karten eventuell Zusammenhänge und Abhängigkeiten erkennen. Es ist ja schon hilfreich, wenn wir festhalten, was im Bereich eines Rebhuhnpaares an Feldfrüchten angebaut wird. Natürlich will ich später nachschauen können, auf welchen Kulturarten ich die meisten Hasen gezählt habe, wo sich am Vormittag die Fasane am häufigsten aufhielten. Welche Unterschiede der Bevorzugung es bei dieser oder jener Wildart im Jahreslauf gibt. Besonders leicht und schön arbeitet es sich mit digitalisierten Luftbildkarten, über die man sich gleich ein Gitternetz legen lässt.

Nutzung jagdbaren Wildes

Worauf kommt es an?

Im ersten Teil dieses Buches haben wir erfahren, dass die Erfassung von Wildbeständen, insbesondere Schalenwild, sehr schwierig und nur unzureichend möglich ist. Es gibt auch keine Weiser, von denen aus wir auf die absolute Dichte bestimmter Wildarten schließen können. Weiser zeigen nur an, ob die gegebene Dichte einer Wildart für deren Lebensraum bereits kritisch ist oder nicht.

Es ist aber auch gar nicht notwendig zu wissen, wie viele Tiere einer bestimmten Art wo leben. An den Mindestabschuss müssen wir uns herantasten (möglichst mutig). Während zu starke Eingriffe beim vielerorts ohnehin nur noch in geringer Dichte vorkommenden Niederwild dramatische bis nicht mehr gut zu machende Folgen haben können, holen alle Schalenwildarten zahlenmäßige Verluste schnell wieder auf. Vor allem aber sind wir einfach nicht in der Lage Rot-, Dam- oder gar Rehwild durch überzogene Abschüsse in zwei, drei Jahren in Bedrängnis zu bringen.

Es kommt beim Schalenwild nicht nur auf die Höhe des jährlichen Abschusses an, sondern auch auf dessen Struktur! Das bedeutet, wir müssen unseren Abschuss richtig in Geschlechts- und Altersklassen gliedern. Würden wir das Wild wie unsere Urahnen völlig wahllos erbeuten, also nicht männliche Tiere lieber erlegen als weibliche, solche mit starken Trophäen lieber als jene mit schwachen, dann wäre auch eine strukturierte Abschussvorgabe unnötig. Die Struktur würde sich dann nach dem Zufallsprinzip von selbst ergeben. Wir sehen das sehr gut bei den Rehkitzen, die in den meisten Forstämtern – also auf großer Fläche – auch ohne Rücksicht auf das Geschlecht erlegt werden. Bei ihnen spiegelt die Strecke das Geschlechterverhältnis der lebenden Kitze. Wer Schalenwild mit der Büchse in Griff bekommen will, muss vor allem reproduzierende weibliche Stücke erlegen, also Geißen und Alttiere. Beim

Schwarzwild geht es zwar ohne deutliche Eingriffe bei den Bachen auch nicht, trotzdem kommt es dort auch auf einen möglichst hohen Abschuss bei den Frischlingen an.

Ansonsten genügt es, der Natur auf die Finger zu schauen. Was erntet sie bevorzugt? Von der natürlichen Sterblichkeit am stärksten betroffen ist immer die Jugendklasse, also vor allem Tiere im ersten, aber auch noch im zweiten Lebensjahr. Doch gerade damit tun sich viele Jäger schwer. Kitze und Kälber haben weder Geweihe noch Krucken zwischen den Lauschern, und ihr Wildbreterlös ist gering.

Wer aber unten nicht wirklich stark eingreift, kann sich oben schon gar nichts mehr leisten, es sei denn, er setzt auf deutlich überhöhte Wildbestände, mit weitgehender Selbstregulation an der altersmäßigen Basis.

Ziele der Jäger sind »reife« Keiler, »reife« Böcke, »reife« Hirsche. »Reif« ist männliches Schalenwild ab einem bestimmten Alter. Dem Rothirsch gesteht man diese Bezeichnung nicht vor dem elften Lebensjahr zu, dem Damhirsch werden immerhin noch acht Lebensjahre abverlangt und dem Rehbock je nach Gegend fünf oder sechs. Allerdings gibt es keine zuverlässigen Kriterien, die uns einen dreijährigen von einem sechsjährigen Rehbock halbwegs sicher unterscheiden lassen. Natürlich ist auch die Unterscheidung zwischen einem neun- und einem zehnjährigen Hirsch reine Spekulation. Aber wenn wir das Rehwild einmal ausklammern, dann sind wir doch bei allen anderen Wiederkäuern in der Lage zwischen jung, mittelalt und wirklich alt zu unterscheiden. Und das genügt auch vollauf.

Beim Schwarzwild hat die Höhe der Grundbestände noch nie interessiert, und die Vermehrungsquoten schwanken von Jahr zu Jahr ganz erheblich.

Völlig unnatürlich und der jeweiligen Art keineswegs dienlich ist eine Berücksichtigung von Geweihmerkmalen beim Abschuss, wie dies gegenwärtig noch fast überall geschieht. So werden beim Rothirsch in der Mittelklasse möglichst all jene Hirsche erlegt, die keine beidseitige Kronenbildung aufweisen. Bei den Gams wird auf Stellung und Hakelung der Krucken geachtet. Beim Damwild will man Hirsche mit schönen geschlossenen und möglichst breiten Schaufeln. Da die Gene, die für bestimmte unerwünschte Eigenschaften verantwortlich zeichnen, immer mit mehreren anderen zusammen auf Chromosome gebunden sind, löschen wir durch jahrelange, auf solche Merkmale fixierte Selektion auch Eigenschaften, die wir gar nicht kennen. Beim Rothirsch haben LANG und HARTEL den selektionsbedingten genetischen Verlust nachgewiesen.
Unser Wunsch nach »reifem« Wild und starken Trophäen (darum geht es, auch wenn wir es nicht zugeben) erreichen wir am ehesten durch weitgehende Schonung mittelalter männlicher Tiere, ohne Beachtung von Trophäenmerkmalen!

Zwischen Unternutzung und Übernutzung

In den meisten Pachtrevieren der Bundesrepublik ist Rotwild, auch bei relativ hoher Wilddichte, Wechselwild. Unterstellen wir einem Rudel die Nutzung

Rotwild lässt sich zwar reduzieren, aber nicht nach menschlichen Vorstellungen dezentralisieren.

von 500 ha, dann wird schnell deutlich, dass die meisten Rudel in zwei oder mehr Jagdrevieren beheimatet sind. Ältere Hirsche neigen noch mehr zur Wanderung, leben während der Feistzeit oft ganz wo anders als in der Brunft oder im Winter. Das zeigt uns schon, dass es ohne eine revierübergreifende Planung kaum geht. Es sei denn, man verständigt sich auf ganz einfache Spielregeln wie sie beispielsweise Südtirol eingeführt hat. Das funktioniert aber nur dort, wo eine zuverlässige Kontrolle der Jäger gegeben ist. In Deutschland und Österreich ist das nicht der Fall.
Südtirol verzichtet derzeit auf einen Rotwild-Abschussplan in unserem Sinne. Wer einen Hirsch der Jugendklasse schießen will, muss den Abschuss eines Stückes Kahlwild nachweisen. Wer einen »Trophäenhirsch« erlegen will, muss den Abschuss von zwei Stück Kahlwild nachweisen. Trotzdem darf nicht übersehen werden, dass die Rotwildbestände Südtirols nach wie vor steigen!
Rotwild lebt in der Rudelgemeinschaft, und wandert innerhalb eines relativ großen Gebietes. Daher können die allerwenigsten der heutigen Reviere von »ihrem« Rotwild sprechen. Manche werden nur wochen- oder gar tageweise vom Rotwild besucht. In anderen steht vorwiegend Kahlwild oder eben umgekehrt. Es gibt ausgesprochene Feist-, Brunft- oder Winterreviere. Eines haben fast alle Rotwildreviere gemeinsam: Sie sind teuer! Und wer 100 € und oft mehr pro Hektar und Jahr Pacht bezahlt, der will auch etwas schießen. So sind es meist Kleinreviere, die gelegentlich hohe Bestandszahlen angeben und wenig vollzogenen Abschuss melden. Letzteres bezieht sich vor allem auf die Geweihträger. Großreviere neigen hingegen oft zur Untertreibung. Sie zeigen sich bei Bestandsangaben betont vorsichtig, um nicht noch mehr schießen zu müssen. Selbstverständlich gibt es auch Großreviere, die das Rotwild am liebsten ganz los wären und daher mit überhöhten Angaben zu den Frühjahrsbeständen aufwarten.

Falsche Hoffnungen

Bei den Rehen lässt sich die lokale Siedlungsdichte über den Abschuss steuern, weil Rehe weitgehende Einzelgänger sind. Sie haben relativ kleine Streifgebiete und bewohnen innerhalb dieser zwischen März und August begrenzte Wohnräume, die sie auch verteidigen. Einen gewissen Zusammen-

halt gibt es nur in den Mutterfamilien. Steht eine größere Zahl Rehe beieinander, etwa die Feldrehsprünge, so handelt es sich um lose Zweckgemeinschaften ohne feste Bindungen, deren Zusammensetzung nicht konstant ist. Werden irgendwo besonders viele Rehe geschossen, dehnen die Nachbarn ihre Wohngebiete nicht unbedingt aus. Eher wandern im Frühjahr Jährlinge und Zweijährige ein. Letztere verteidigen die neu erworbenen Wohnungen.
Rotwild hingegen fühlt sich – da es entwicklungsgeschichtlich aus der offenen Landschaft kommt – nur in der Gemeinschaft wirklich wohl, wobei die mehrjährigen Hirsche spätestens nach dem Geweihabwurf eigene Rudel bilden, die erst kurz vor der Brunft aufgelöst werden. Hirsche wie Kahlwild verteidigen keine »persönlichen« Wohn- und Nahrungsbereiche, vielmehr nutzen sie gemeinsam ein variables Streifgebiet. Entscheidend für ihre Ortswahl sind Sicherheitsaspekte und Äsungsqualität wie Äsungsquantität.
In den meisten Rotwildgebieten findet das Wild Sicherheit und Äsung am ehesten im Zentrum – in den großen Waldgebieten. Dort konzentriert sich das Wild, während viele Randreviere zwar formal als Rotwildreviere klassifiziert wurden, tatsächlich aber rotwildfrei sind oder nur sporadisch besucht werden. Ein gutes Beispiel hierfür ist das Rotwildgebiet Nordschwarzwald.

Noch immer glauben viele Verantwortliche, man könne das Rotwild durch simple Reduktion auch dezentralisieren und in halbwegs gleichmäßiger Dichte (besser gesagt Dünne) über die ausgewiesene Fläche verteilen. Das ist reines Wunschdenken.

Da nun eine bestimmte Menge Wild erlegt werden muss, was in manchen Randgebieten kaum noch möglich ist, konzentriert sich der Abschuss in den Zentren. Dortige Folgen sind ein hoher Jagddruck und ein immer weniger sichtbares Wild, obwohl solches in ausreichender bis hoher Zahl vorhanden ist!
Diese Probleme sind hausgemacht, denn es gibt ja nichts Unnatürlicheres als die Einteilung der Landschaft in Rotwildgebiete und rotwildfreie Gebiete! Das mag zwar rein forstlich sinnvoll sein, aber »ökologisch«, um dieses vielstrapazierte Wort schon wieder zu gebrauchen, ist es sicher nicht. Niemand kann besser einschätzen wo sich das Rotwild wirklich wohl fühlt als dieses selbst!

Simple Spielregeln

In Deutschland und Österreich dürfen Schmaltiere und Hirsche der Jugendklasse bereits ab 1. Juni erlegt werden. Dadurch soll dem Jäger die Zeit hoher Vertrautheit und damit Sichtbarkeit des Rotwildes jagdlich nutzbar gemacht werden. Die auffällige Vertrautheit des Rotwildes hat ihre Ursache aber ausschließlich in der vorangegangenen Zeit absoluter Jagdruhe. Und sie endet sehr schnell mit den ersten auf diese Wildart abgegebenen Schüssen. Unter dem Druck hoher Abschussquoten machen sich viele Jäger wenig Gedanken über die Art ihres Jagens. Und so wird munter auch dann auf Schmaltiere und Junghirsche geschossen, wenn diese sich im oder in der Nähe des Rudels aufhalten. Damit aber endet die Vertrautheit schlagartig. Wenn überhaupt, dann sollte nur auf einzeln ziehendes Wild geschossen werden. Das ist aber nur in den ersten zwei, drei Wochen nach dem Setzen der Alttiere der Fall. Und selbst dann halten sich die meisten Schmaltiere und Spießer in der Nähe ihrer Mütter auf, denen unser Schuss nicht verborgen bleibt. Zumindest in größeren Waldrevieren, in denen die Möglichkeit zur Durchführung erfolgreicher Drückjagden besteht, sollte daher auf die Frühsommerbejagung verzichtet werden.
Ob man dann bereits im August auch mit der Jagd auf Alttiere und Kälber beginnt ist eine andere Frage. In den meisten Revieren wird vor der Brunft ohnehin nicht so »ernsthaft« gejagt. Aber die relativ wenigen Schüsse auf das dann wieder in Rudelgemeinschaften lebende Wild haben einen sehr

Rotwild kann mit ständigen Drückjagden – im Gegensatz zum Rehwild – sehr wohl dramatisch heruntergeschossen werden. Andererseits können wenige wohlorganisierte Drückjagden den Jagddruck ganz deutlich senken und das Wild im gewünschten Maße reduzieren.

hohen Störeffekt. Solchen Gedanken wird immer wieder entgegen gehalten, dass ab Mai ohnehin auf Rehwild gejagt würde. Rotwild ist aber sehr wohl in der Lage zu unterscheiden, ob es selbst beschossen wird oder nicht. Der Schussknall als solches versetzt kaum Wild in Panik, denn heute knallt es überall und täglich in unterschiedlichster Form. Erst die mit einem Schuss auf Wild verbundenen Umstände sind es, die Unruhe auslösen. Dazu gehört das Erscheinungsbild des Jägers, seine Wittrung, sein Hund, das Aufbrechen des erlegten Wildes, sein Abtransport und so weiter. Ganz sicher aber auch sein Fehlen in der Rudelgemeinschaft.
Unzählige Male habe ich (früher als Berufsjäger, heute als Gast) erlebt, dass bei der Ansitzjagd wie beim Drücken auf das zuerst erscheinende Stück geschossen wird. Dabei handelt es sich fast immer um das Leittier! Doch Leittiere haben nicht nur eine wichtige Funktion in der Rudelgemeinschaft, sie sind auch führend. Bei Drückjagden wird der Abschuss nachträglich oft damit zu rechtfertigen versucht, dass man angibt, das Stück sei alleine gekommen oder man habe dies zumindest angenommen. Das ist zwar nicht völlig auszuschließen, aber so selten, dass wir getrost auf den Schuss verzichten sollten. Selbst wenn das Kalb bereits erlegt wurde, folgt fast immer

noch ein Schmaltier, ein Spießer oder eben weiteres Kahlwild. Auch auf das Kalb des Leittieres sollten wir nicht unbedingt schießen.

WÖLFEL, einer der profundesten Kenner des Rotwildes und dessen Lebenssituation in Mitteleuropa, zeichnet uns einen unkomplizierten, leicht gangbaren Weg zu einem zeitgerechten Umgang mit Rotwild vor. Freilich wollen den nicht alle Rotwildjäger gehen. Ihm geht es darum, durch eine entsprechende Jagd vor allem zwei Dinge wieder zu erreichen:

- Rotwild darf nicht reines Nachtwild bleiben. Es muss auch bei Tag seinen natürlichen Bedürfnissen nachkommen können.
- Rotwild darf nicht »wahllos« erlegt werden, denn es müssen auch wirklich reife Hirsche vorhanden sein, die das Brunftgeschäft »fachmännisch« wahrnehmen.

Das kann nur mit einer deutlichen Reduzierung des Jagddruckes und großer Zurückhaltung beim Abschuss mittelalter Hirsche erreicht werden. Was im ersten Moment nach einem weiteren Anstieg der Bestände riecht, ist in Wirklichkeit die Voraussetzung für eine tatsächliche Anpassung der Rotwildbestände an ihre Lebensräume.

WÖLFEL fordert:

- Keine Auswahl nach Gewicht oder Geschlecht bei den Kälbern.
- Weitgehender Verzicht auf die Bejagung von Schmaltieren und Hirschen der Jugendklasse im Frühsommer. Dafür vermehrte Durchführung fachgerechter Bewegungsjagden.
- Die Zahl der erlegten Schmal- und Alttiere soll der des Hirschabschusses entsprechen, bei gewünschter Bestandsreduktion deutlich darüber liegen.
- Zahl- vor Wahl-Abschuss nur in der Jugendklasse (ein bis drei Jahre), ohne Begrenzung hinsichtlich der Endenzahl oder Spießlänge. Aber weitgehende Schonung der Mittelklasse.
- Zielalter für Hirsche 12 Jahre.
- Kälberabschuss möglichst frühzeitig bei der Einzeljagd (wenn möglich Kalb und Alttier erlegen), um bei Bewegungsjagden Ansprechprobleme zu reduzieren.
- Ende der Bejagungszeit für alles Rotwild am Jahresende, um durch Jagdruhe der vorprogrammierten, winterlichen Stoffwechselreduktion zu entsprechen.

So schlüssig und einfach diese Vorschläge auch klingen mögen. Stolpersteine auf dem Weg zu ihrer Verwirklichung sind die Kleinheit vieler sogenannter Rotwildreviere, das Streben vieler Revierinhaber nach einem starken Hirsch, ganz gleich wie alt und der Jagdneid.

Abschussquoten mancherorts höher als Grundbestände

In den meisten Richtlinien zur Damwildbewirtschaftung der Länder wird ein Zuwachs von 75 % des am 1. April vorhandenen Bestandes an Schmal- und Alttieren unterstellt. Was von solchen fixen Zuwachsprozenten zu halten ist, wurde schon weiter vorne gesagt. Tatsache ist jedenfalls, dass die Bestände fast überall – nimmt man die in den Richtlinien festgelegte Sollwilddichte als Maß – reichlich überhöht sind. Nun gibt es drei Möglichkeiten: Entweder die Bestandszahlen stimmen nicht (weil man Damwild nicht zählen kann), oder der Zuwachs wird zu niedrig angesetzt, oder man will die Bestände gar nicht reduzieren.

Entwicklung der Damwildstrecke 1936–2001 (Alt-Bundesländer)

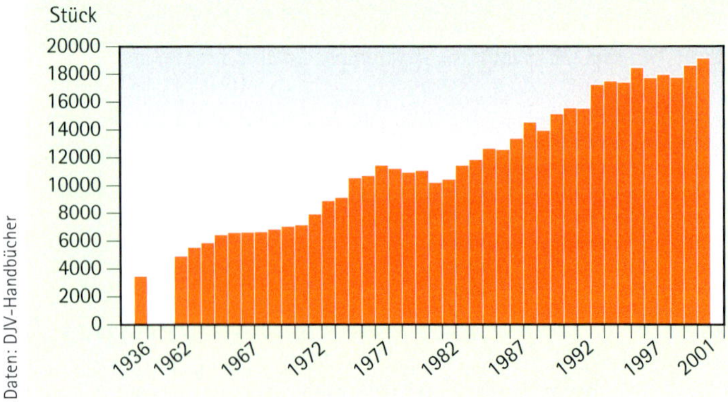

Auch das Damwild hat sich gewaltig ausgebreitet. Während zwischen 1936 und 1939 im Bereich der heutigen Alt-Bundesländer jährlich nur knapp 4.000 Tiere erlegt wurden (damals einschließlich Sikawild), stiegen die Strecken auf fast 18.000 Stück im Jagdjahr 1998/99. Noch viel dramatischer erfolgte die gewollte Ausbreitung in der DDR. Entsprechend stiegen die durch diese Wildart verursachten Schäden.

Im norddeutschen Raum hat Damwild einen hohen Stellenwert, und vielerorts wachsen die Bestände weiter an. Zumindest in den größeren Waldrevieren ist es nur mit der Einzeljagd nicht in Griff zu bekommen.

Während die meisten Bejagungsrichtlinien für Rehwild (wenn man von einigen österreichischen Bundesländern absieht) inzwischen recht unkompliziert wurden und liberal gehandhabt werden, gelten für das mit deutlich größeren Geweihen ausgestattete Damwild immer noch relativ restriktive Richtlinien. Wenn man sich die Abschussrichtlinien für Damwild mancher Bundesländer ansieht entsteht der Eindruck, ein Abbau überhöhter Damwildbestände solle eher vermieden werden. Jedenfalls werden in der Jugendklasse beim *männlichen* Wild deutlich höhere Abgänge vorgesehen als beim *weiblichen* Wild. Schleswig-Holstein beispielsweise, ansonsten jagdlich durchaus fortschrittlich gesonnen, teilt den Abschuss so auf:

Männliches Damwild
Hirschkälber 40-50%
Junge Hirsche 30-35%
Mittelalte Hirsche 5-10%
Alte Hirsche 10-15%

Weibliches Wild
Wildkälber 35-45%
Schmaltiere 10-20%
Alttiere 40-45%

Schon die Aufteilung des Kälberabschusses in männlich und weiblich erscheint fragwürdig. Zwar ist das Geschlecht der Kälber so ab September einigermaßen sicher zu erkennen. Wer aber jetzt noch eine Feineinteilung sowohl nach dem Geschlecht als auch nach der körperlichen Verfassung machen will – und das bei einem Rudelwild, bei dem die »abschusswürdigsten« Stücke häufig verdeckt stehen – der kann kaum die notwendige Abschusshöhe erreichen! Auf Drückjagden funktioniert das ohnehin nicht. Wenn Kälber *allgemein*, also auf größerer Fläche ohne Rücksicht auf das Geschlecht geschossen werden, spiegelt die Strecke das zu Beginn der Jagd vorhandene Geschlechterverhältnis der Kälber wider.

Ursache für die in manchen Richtlinien enthaltene Empfehlung, mehr Hirsche als Wildkälber zu schießen, ist das in der Literatur zu findende Geschlechterverhältnis bei Föten und Kälbern. MEHLITZ beruft sich auf CHAPPAMAN (1982) und nennt

Föten	110 : 100
Neugeborene Kälber	123 : 100
Ältere Kälber	160 : 100

Wir wissen aber, dass die Natur bei überhöhten Wildbeständen dazu neigt, mehr männliche als weibliche Nachkommen zu produzieren. Wenn aber heute, etwa in manchen Kiefernforsten Brandenburgs, sich nicht einmal mehr die Kiefer natürlich verjüngen kann, weil schon die Keimlinge vom

Damwild zieht im Rudel. Da ist bei der Einzeljagd die Zuordnung von Kälbern und Alttieren oft schwierig. Wer jedoch bei Zeiten Kälber schießt, tut sich später auf den Drückjagden leicht.

Damwild nahezu restlos aufgenommen werden, und wenn mancherorts entlang der Waldränder auf bis zu 30 Metern breiten Ackerstreifen kein Halm der Wintersaaten stehen bleibt, weil sie vom Damwild zur Gänze abgefressen wird, dann ist der Verdacht auf überhöhte Wildbestände durchaus berechtigt.

Damwild steht in den meisten Revieren seines Vorkommens in größeren Rudeln. Da ist bereits die Zuordnung der Kälber zu ihren Müttern schwierig. Andererseits werden Kälber, die im Sommer oder Frühherbst mutterlos werden und noch nicht voll verfärbt haben, meist aus dem Rudel ausgestoßen. Es ist daher ziemlich praxisfremd, wenn fast die Hälfte des Kahlwildabschusses mit Alttieren erfüllt werden soll. Nur umgekehrt kann es sein. Nämlich möglichst früh viele Kälber ohne Rücksicht auf ihr Geschlecht und zusätzlich viele Schmaltiere erlegen. Gerade bei Rudeltieren erfolgen die meisten Verluste im ersten und zweiten Lebensjahr – nicht im mittleren und höheren Alter!

Gegen einen frühzeitigen Kälberabschuss wird immer wieder der Zuwachs an Wildbret bis Dezember angeführt. Den höchsten Wildbretzuwachs erreichen wir jedoch bei einer intensiven und gleichzeitig nachhaltigen Nutzung dieser Wildart. Der Forderung nach einem höheren Anteil von Schmaltieren wird immer wieder entgegnet, nur durch hohe Eingriffe bei den Alttieren könnte der Zuwachs gebremst werden. Es ist aber – mit Blick auf den Zuwachs – ziemlich egal, ob wir nun Schmal- oder Alttiere erlegen. Beide werden in der Brunft beschlagen und bringen im nächsten Frühsommer Kälber auf die Welt.

Klotzen statt kleckern

Wir haben weiter oben schon gesagt, dass sich mehrjährige Rehböcke nicht nach genauem Alter unterscheiden lassen. Folglich ist es Unsinn, der Schonung der Mittelklasse das Wort zu reden. Im Grunde ist beim Rehwild der ganze Abschussplan entbehrlich. Seine Nichterfüllung ist problemlos möglich, seine Überschreitung ebenfalls. Wozu also soll er gut sein?

Aber da wir geteilte Jagdzeiten haben und erwachsene männliche Rehe lieber geschossen werden als weibliche, ist eine Aufteilung des Gesamtabschusses nach Geschlechter und Altersklassen sicher hilfreich. Die Formel ist ganz einfach: $^1/_3$ Kitze beiderlei Geschlechts, $^1/_3$ Geißen und Schmalrehe,

So wie die Rehwilddichte steigt, steigt auch die natürliche Sterblichkeit und sinken gleichzeitig die Zuwachsraten. Wo es noch solche »Rehherden« gibt, ist der Jäger gefordert!

wobei mindestens 50 % Schmalrehe sein sollten und 1/3 Böcke, von denen mindestens 50 % Jährlinge sein sollten. Geht es darum, überhöhte Rehwildbestände abzubauen, wird man den Anteil der Böcke herunter fahren und dafür mehr Geißen schießen. Das ist alles, und damit kommt der Jäger wie der Rehwildbestand ganz gut zurecht. Wer Wert auf möglichst alte Böcke legt, muss prozentual mehr Jährlinge schießen und dafür Mehrjährige leben lassen.

Hohe Abschussquoten sind – bis zu einem gewissen Grad – kontraproduktiv. Zwar kommt es für wenige Monate des Jahres zu einer deutlichen Absenkung des Wildbestandes, doch füllt ein erhöhter Zuwachs die entstandenen Lücken schnell auf. Weniger Rehe zur Zeit des winterlichen Nadelöhrs bedeutet für diese eine bessere Kondition, von der die Kitze profitieren. Letztlich werden die Eingriffe des Jägers durch erhöhte Produktion ausgeglichen. Je sparsamer der Abschuss erhöht wird, umso leichter vermag ihn die Natur zu kompensieren. Eine sich merklich und messbar auf die Vegetation auswirkende Absenkung kann so – trotz steigender Abschusszahlen – erst nach Jahren eintreten. Für das Wild bedeutet dies nicht nur Dauerstress, sondern auch dauerhaft ein Maximum an Lernmöglichkeit. Seine Sichtbarkeit sinkt, der Zeitaufwand für die Jagd steigt!

Wirklich starke Eingriffe für kurze Zeit, so ab 50 % aufwärts sind ungleich wirksamer als die üblichen, über längere Zeit verordnete »Gewöhnungsdosen«. Die guten Lernmöglichkeiten für die Rehe sind bei kurzen starken Eingriffen zeitlich begrenzt, weil nicht so viele übrig bleiben, die etwas »weiter erzählen«. Und der Jäger findet ungleich schneller zu »normalen« jagdlichen Verhältnissen zurück.

Dieser Strategie steht die Angst des Jägers entgegen, die Rehe seines Reviers auszurotten. Sie ist absolut unbegründet, sofern das betreffende Revier überhaupt über einen eigenen Rehwildbestand verfügt. Denn ungleich schneller als die Zahl der Rehe sinkt deren Sichtbarkeit. Die Jagd wird sehr rasch unattraktiv, jagdlicher Erfolg selten. Erinnert sei in diesem Zusammenhang an mehrere Meldungen in der Jagdpresse über »rehwildfreie Landkreise« (z. B. in Unterfranken) in den 80er-Jahren. Trotz der angeblichen Ausrottung stiegen die Strecken in den Folgejahren an!

Wir wollen an dieser Stelle festhalten, dass niemand an einer lokalen Ausrottung der Rehe interessiert ist, sieht man von einzelnen, in der Meinungsbildung unbedeutenden kleineren Waldbesitzern ab.

Abschuss dritteln

Wie soll man den Abschuss verteilen, wird der Leser fragen. Nun, wir müssen keine Bestandspyramiden malen und um weiße oder schwarze »Quadrate« feilschen. Angenommen, die Rehwilddichte ist so halbwegs in Ordnung, dann dritteln wir den Abschuss einfach:

$^{1}/_{3}$ Kitze, die ohne Rücksicht auf das Geschlecht geschossen werden.

$^{1}/_{3}$ Geißen und Schmalrehe, wovon etwa die Hälfte Schmalrehe sein sollten.

$^{1}/_{3}$ Böcke, von denen ungefähr die Hälfte Jährlinge sein sollten.

Das ist alles. Besteht die Notwen-

Beim Rehwild sollte sich die Abschusshöhe an Vegetation und Kondition orientieren. Der Gesamtabschuss kann dann einfach gedrittelt werden.

digkeit, den Bestand abzusenken, dann fahren wir, wie schon gesagt, den Bockabschuss auf ein Viertel oder ein Fünftel des Gesamtabschusses zurück und erlegen dafür mehr Geißen.
Die Aufteilung in Geißen und Schmalrehe sowie mehrjährige Böcke und Jährlinge behalten wir bei. Gedanken um ein in Unordnung geratenes Geschlechterverhältnis müssen wir uns nicht machen; die Natur gleicht das mit der nächsten Kitzgeneration wieder aus.
Wer jammert, er habe keine alten Böcke mehr, der lasse die Mehrjährigen ein, zwei Jahre stehen. Dann hat er welche!

Waldschädigend bis ökologisch wertvoll

Ich denke, wenn es um die jagdliche Nutzung der Gams geht, ist eine differenzierte Betrachtung durchaus zulässig, ja sogar notwendig. Da sind einmal die tiefer unten ganzjährig im Wald lebenden Gams. Sie sind gleichermaßen Konkurrenten des Rehwildes wie des Waldbesitzers, mit einem ganz starken Einfluss auf die Waldverjüngung und vor allem auf dessen Entmischung. Trotzdem mag ich die Ökologie und den ihr huldigenden Naturschutz hier lieber nicht bemühen, denn die an der Waldverjüngung »nagenden« Gams tun in der Konsequenz nichts anderes als die den Auwald lichtenden und mit dessen Holz Dämme bauenden Biber – sie schaffen sich geeignete Lebensräume! Gams fressen frech die Fichten zusammen und schaffen punktuell Licht und Luft für Schwalbenwurz-Enzian, Silberdistel, Knabenkräuter und manch andere Schönheit, die in der Monotonie montaner und subalpiner Wirtschaftswälder unter geht. Gams sind also auch im Bergwald (jetzt kommt es auf etwas mehr Provokation auch nicht mehr an) ein klein wenig auch in Sachen Naturschutz unterwegs.
Aber für ihre intensive Bejagung sprechen grundsätzlich *wirtschaftliche* Gründe. Und natürlich bringt der waldentmischende Einfluss der Gams auch Nachteile für andere Tierarten, beispielsweise das Haselwild. Überdies sind Gams, wie oben schon gesagt, Äsungskonkurrenten der Rehe.
Dann gibt es aber auch jene Gams, die überwiegend oberhalb der Baumgrenze leben. Sie helfen Almflächen offen zu halten, indem sie bereits den Anflug von Fichte, Lärche, Zirbe und Eberesche äsen. Tun sie es nicht, über-

Für eine starke Bejagung der Gams im Bergwald sprechen in erster Linie wirtschaftliche Gründe. Ökologisch verhalten sie sich eher neutral. Sie können zwar einige ihrer krautartigen Äsungspflanzen (von denen manche tatsächlich bedroht sind) in Bedrängnis bringen und sogar lokal tilgen, andererseits schaffen sie durch intensiven Verbiss auch Licht, das sowohl krautartigen Pflanzen als auch Tieren zugute kommt.

nimmt diese Arbeit kostenintensiv der Almbauer. Sie halten die alpinen Rasen kurz und fest und verhindern damit Abplackungen, ja sie reduzieren sogar (wenn auch bescheiden) die Lawinengefahr, einfach weil der Schnee auf langen, dachziegelförmig talwärts gelagerten Gräsern sich schneller löst als jener auf der kurz geästen »Grasstoppel«. Gams können in Hochlagen durchaus einen Beitrag zum Schutz der Natur leisten.
Die Konsequenz aus ihrem für den Wald insgesamt eher belastenden Einfluss und ihrer fast »positiven Belanglosigkeit« in den Hochlagen kann doch nur sein, dass wir sie drunten im Wald intensivst, wenn auch nicht völlig wahllos bejagen, ihnen aber gleichzeitig in den Hochlagen eher mit einem gewissen Wohlwollen begegnen.

Der Winter wird's schon richten...

Jahrzehnte hindurch war bei der Bejagung des Gamswildes Zurückhaltung oberstes Gebot. Kaum irgendwo wurde der Zuwachs genutzt, geschweige denn in die Bestände tatsächlich eingegriffen. Fast überall wurde für die periodisch wiederkehrenden strengen Winter gehegt. Ein-, zweimal pro Jahrzehnt kam ein solcher Winter und begrub einen Teil der Gamsbestände unter seinen Lawinen. Dabei konnte örtlich durchaus die Hälfte des Bestandes verloren gehen. Natürlich selektieren Lawinen nicht. Sie nehmen keine Rücksicht auf all' unsere Klassifizierungen, Abschussrichtlinien und von uns gewünschte Kruckenausformung. Ließ der Katastrophenwinter einmal auf sich warten, dann sorgten immer noch Alterstod, gelegentlicher Absturz und selbstverständlich der Adler für Abgänge.
In den letzten beiden Jahrzehnten ließen wirklich schneereiche Winter zum Leidwesen des Tourismus immer länger auf sich warten. Trotzdem greift die Natur im wirklich alpinen Gelände auch heute noch regulierend in die

In den Hochlagen richten Gams kaum Schäden an. Grund genug, den Jagddruck dort oben so niedrig als möglich zu halten. Doch mit steigender Gamsdichte wächst auch die Gefahr der Räude und der Gamsblindheit.

Gamsbestände ein. Wo sich der Jäger weigert, den Part des Katastrophenwinters zu übernehmen, nutzen Gamsräude und Gamsblindheit die vom Jäger gebotene »Marktlücke«.
Inzwischen sind wir bei den Gams so weit wie beim Rehwild: Der Zustand der Waldverjüngung gibt die Abschusshöhe vor. Und da Rehe und Gams Äsungskonkurrenten sind, wirken Rehwild- und Waldgamsbejagung kompensatorisch. Das heißt, wem die Gams mehr bedeuten als die Rehe, der muss letztere besonders intensiv bejagen!
Was aber interessiert den Besitzer oder Pächter einer kleinen Almjagd die Verbissschäden der Gams drunten im fremden Waldrevier – meist nichts! Und so unrecht hat er damit gar nicht. Man kann diesen Interessenskonflikt auf ganz unterschiedlichen Wegen angehen und trotzdem nie eine »gerechte« Lösung finden, ganz abgesehen davon, dass viele Revierinhaber ohnehin machen was sie wollen. Es wäre aber den Versuch wert, über einen längeren Zeitraum hinweg einfach die Gams im Wald ohne große Planvorschreibung frei zu geben. Von dieser Regelung könnte man die älteren Böcke, von denen im Sommer manche gerne hinunter ziehen, ohne im eigentlichen Sinne Waldgams zu sein, ausnehmen. Hingegen wäre oberhalb der Waldgrenze eine Planvorschreibung durchaus vertretbar. Oder man versucht es mit unterschiedlichen Jagdzeiten – im Wald deutlich länger als oberhalb der Waldgrenze.

Kitze für den Adler

Große Vorbehalte bestehen mancherorts immer noch gegen den Abschuss von Gamskitzen. Verwiesen wird auf hohe Winterverluste, gerade in dieser Klasse und auf die Bedeutung von Gamskitzen als Beute des Steinadlers. Was die Winterverluste betrifft, so sind sie umso höher, je weniger Kitze erlegt werden. Was der Jäger rechtzeitig erlegt fällt Kälte, Schnee, Hunger und Adler nicht mehr zum Opfer! Salm beziffert die durchschnittlichen Winterverluste unter den Kitzen im Raum zwischen 1700 Meter und 2700 Meter mit 50 %. Wenn man jetzt ein weiteres Mal die Ökologie beschwört, so sind Winterverluste unter den Gams für zahlreiche andere Tierarten in der Tat durchaus positiv zu sehen. Die aus den Lawinenkegeln ausapernden Fall-

Auch wenn der Jäger sie schont, überlebt ein erheblicher Teil der Gamskitze das erste Lebensjahr nicht. Steinadler, Rabenvögel und Füchse freuen sich darüber.

wildgams werden von Luchs, Fuchs, Marder, Bartgeier, Steinadler, Kolkrabe und vielen anderen genutzt. Besonders für die sehr früh brütenden Geier, Adler und Raben sind sie von großer Bedeutung.

Natürlich sind die Aasverwerter an erwachsenen Gams genau so interessiert wie an Kitzen. So gesehen ließe sich auch ein den Zuwachs nicht nutzender Abschuss bei den erwachsenen Tieren noch »ökologisieren«. Sogar die an Räude eingehenden Gams werden ja restlos verwertet und sei es durch Insektenlarven und andere Reduzenten.

Im Übrigen haben wir ja über die Wildmarkierung erfahren, dass bei den *Rehkitzen* die übrigen Sterblichkeitsfaktoren Jagd und Jäger glatt in den Sack stecken. In den meisten Revieren läuft der Kitzabschuss absolut im Rahmen der kompensatorischen Sterblichkeit. Bei den Gamskitzen dürfte das noch viel mehr der Fall sein. Dagegen lässt sich ins Feld führen, dass Gamskitze auch uns recht gut schmecken! Warum also sollen wir auf ihre Bejagung und Nutzung grundsätzlich verzichten?

Auch hier wäre ein ganz klarer Unterschied zwischen den ganzjährig im Wald lebenden Gams und jenen oberhalb der Waldgrenze zu machen. Denn im Wald schlägt der Adler sicher deutlich weniger Gamskitze als droben. Doch deren Einfluss auf die Waldverjüngung unterscheidet sich nur graduell von dem der Jahrlinge oder erwachsenen Gams.

Unterschied zwischen den Lauschern

Während heute noch viele Jäger mentale Probleme mit dem Abschuss von weiblichem Rehwild und Kitzen haben und etwa in manchen Bezirken Kärntens kaum ein Drittel des auf den Abschussplänen stehenden weiblichen Rehwildes geschossen wird (Fallwild eingerechnet), gibt es solche Probleme beim Gamswild kaum irgendwo. Der kleine anatomische Unterschied zwischen den Lauschern macht es möglich. Dafür wird jedoch meist viel zu stark in die Mittelklasse eingegriffen. Der Grund ist simpel: Drei- oder vierjährige Gamsgeißen haben eben stärkere Krucken als Jahrlingsgeißen!

Jagd am falschen Ort und zu spät

Der kleine Ausflug in die Gamsjagd darf nicht beendet werden, ohne einige Worte zur Jahreszeit, in der gejagt wird. Ein Großteil der Jäger will unbedingt während der Brunft jagen. Diese findet aber zu einer Zeit statt, in der in den Hochlagen oft

Es dient dem Gamswild, wenn wir bevorzugt im Sommer und Frühherbst jagen und die Jagd während der Brunftzeit stark einschränken.

schon der Winter eingekehrt ist. Auch hier ist der Grund simpel: Es geht um des Bockes »Bart«! Ganze Generationen von Jagdgeschichtenschreibern haben die Gamsjagd in Eis und Schnee verherrlicht. Gut – unter sportlichen Aspekten mag man sich dafür begeistern. Aber dem Wild ist die Bejagung zur Zeit hohen Energieverbrauchs und knapper Nahrungsressourcen sicher nicht dienlich. Geißen, Kitze und Jahrlinge tragen ohnehin keine verwertbaren Bärte. Höchstens lässt sich aus den Rückenhaaren einer älteren Geiß ein »Gamsradel« fertigen. Wenn wir jedoch irgendwelcher Trophäen willen bevorzugt dann jagen, wenn es für das Wild die größte Belastung bedeutet, dann kann es mit unserer Weidgerechtigkeit nicht weit her sein. Und dann dürfen wir uns auch nicht über weitere Ansehensverluste bei der nichtjagenden Bevölkerung wundern.

Die Jagdzeit der Gams beginnt am 1. August. Dann fehlen zwar Schnee und Eis, aber die Jagd erfordert auch im Sommer körperlichen Einsatz. Nicht umsonst schwärmen die meisten Bergwanderer erst im September aus, wenn es nicht mehr ganz so heiß ist. Im August wird es noch relativ früh hell.

Die Gams entfalten dann eine hohe Aktivität schon zu einer Tageszeit, in der sich die meisten Bergwanderer noch weit unten befinden. So ist der Jäger ungestört. In den Spätnachmittag- und frühen Abendstunden, im zweiten Aktivitätsgipfel, befindet sich die Mehrzahl der Touristen längst wieder auf dem Abstieg in die Täler oder sie streben den Hütten zu. Der Jagdtag – die Zeit, die der Jäger nutzen kann – ist deutlich länger als im November. Wenn der von weit her angereiste Jagdgast Pech hat, dann bleibt ihm das Gamsrevier im November und manchmal sogar bereits im Oktober verschlossen, weil zu viel Schnee liegt. Nicht wenige Jagdgäste geben während der Brunft ohnehin eine traurige Figur ab, weil sie körperlich überfordert sind, weil ihnen der Pirschführer den Rucksack samt der Büchse schleifen muss. Lawinengefahr, verschneite Hänge und vereiste Wände, aus denen das Wild nicht geborgen werden kann, das alles sind Risiken, die bedacht sein wollen. Ist es da nicht vernünftiger (und für das Wild besser) im Sommer oder Frühherbst zu jagen?

Im Wald kann sich der Jäger jetzt unbeschwert vom Schnee bewegen. Der Forst- und Almwegebau hat dafür gesorgt, dass in den meisten Revieren im Sommer selbst höhere Lagen gut und ohne stundenlange Schinderei erreichbar sind. Überdies kann das Wildbret rasch abtransportiert und lebensmittelgerecht verwertet werden.

Wie viele darf man nun?

Wir haben gesehen, dass die Jäger zur jagdlichen Nutzung des Gamswildes ganz unterschiedliche Vorstellungen haben, insbesondere was die Kitze betrifft. Wir müssen auch zur Kenntnis nehmen, dass Winter und Krankheiten bei den Gams periodisch viel stärker eingreifen als etwa beim Reh- oder Rotwild. Gleichzeitig wollen wir – wo es geht und Sinn macht – den Jagddruck oberhalb der Waldgrenze deutlich senken und dafür im Wald ziemlich »hart« jagen.
Gut – aber wie viele wollen oder dürfen wir denn nun schießen? Nun, über den Zuwachs wissen wir meist herzlich wenig, nicht zuletzt weil »unsere« Gams häufig auch die der Nachbarn sind. Bleibt uns im Wald die Vegetation als Weiser und insgesamt der Gesamtzustand der Tiere, ihre Kondition. Ungeachtet großer Schwankungen bei den natürlichen Verlusten, insbesondere im Winter, darf der Jäger alljährlich etwa 20 % seines Gamsbestandes jagdlich nutzen.

Steinwild kann leichter erfasst werden als das im selben Lebensraum vorkommende Gamswild, weil es – infolge fehlenden oder nur sehr geringen Jagddrucks – ungleich vertrauter ist.

Mehr als bei allen anderen Schalenwildarten ist es bei den Gams wichtig, die mittlere Altersklasse zu schonen. Dazu gehören die vier bis zwölfjährigen Geißen und die fünf- bis zehnjährigen Böcke. Nur Tiere mit einem ausreichenden, über Jahre gesammelten Fundus an Lebenserfahrung beherrscht die Spielregeln des harten Bergwinters! Gams können überdies respektable Alter erreichen. Sie werden in freier Wildbahn doppelt bis dreimal so alt wie Rehe. Dafür kommen sie relativ spät in die Geschlechtsreife und ihr Zuwachs ist – wenn auch großen Schwankungen unterworfen – vergleichsweise gering. Das einzige was zählt ist die körperliche Verfassung – die Krucke sagt gar nichts! Abgesehen von den wenigen berühmt-berüchtigten »Kranken und Schwachen« gibt es für den menschlichen Jäger bei den Gams vom dritten bis zehnten Lebensjahr nichts zu holen. Viel natürlicher als über die Jahre hinweg etwa gleichmäßige Abschussquoten wären periodisch starke Erhöhungen (in Anlehnung an die Katastrophenwinter) und nachfolgende Absenkung. Bei den früher alle paar Jahre stattfindenden Gamsrieglern war dieses Auf und Ab der Fall.

Muffelwild – Bedeutung gering

Die Muffelwildbestände breiteten sich in den letzten 20 Jahren – vor allem in den Ländern der ehemaligen DDR – deutlich aus; die Strecken haben sich in diesem Zeitraum rund verdoppelt. Im topfebenen Brandenburg, wohin man dieses Gebirgswild ebenfalls verfrachtet hat, werden heute mehr als dreimal so viele Muffel erlegt als 1983. Insgesamt aber und im Vergleich mit den übrigen Schalenwildarten spielt das Muffelwild (2001 = 6270 Stück) eine eher untergeordnete Rolle, die nur noch vom Sikawild unterboten wird. Zahlreiche Neugründungen von Muffelwildvorkommen gibt es im österreichischen Alpenraum.

TÜRCKE u. SCHMINCKE geben den Zuwachs mit 90 % der im Sommer vorhandenen Altschafe an. BRIEDERMANN meint mindestens 80 % des am ersten April vorhandenen weiblichen Wildes. Letztlich gilt aber für den Zuwachs auch beim Muffelwild, was schon im ersten Teil dieses Buches gesagt wurde – er unterliegt Schwankungen und wir müssen beim Grundbestand mit einer Dunkelziffer rechnen.

Insgesamt spielt das Muffelwild keine so große Rolle. Als echtes Rudelwild lässt es sich auch schlecht dezentralisieren. Daher kommt es immer wieder zu erheblichen Schälschäden. Flachlandreviere sind für diese Gebirgsschafe überdies keine geeigneten Lebensräume.

Von größerer Bedeutung ist sicher die Struktur des Abschusses. Wie bei allen anderen Schalenwildarten, ausgenommen das Rehwild, bei dem wir mehrjährige Böcke nicht altersmäßig bestimmen können, wurde auf die weitgehende Schonung der mittleren Altersklasse hingewiesen. Das gilt im Prinzip auch beim Muffelwild, allerdings nur mit gewisser Einschränkung. Muffelwild wurde außerhalb seiner Heimat Korsika und Sardinien und mit dem Ziel größere Trophäen zu erhalten immer wieder mit anderen Schafarten eingekreuzt. Ein wirklich »artreines« Muffelwild gibt es in Mitteleuropa nicht. In der Folge tauchen in nahezu allen Vorkommen immer wieder sogenannte Einwachser auf. Diese werden aber mehrheitlich erst als dreijährige Widder erkannt und müssen dann selbstverständlich erlegt werden. Überdies wurden zahlreiche bundesdeutsche Muffelwildvorkommen auf für diese Wildart ungeeigneten Standorten begründet. So kommt es vermehrt zu Schalenauswachsern, die ebenfalls bevorzugt erlegt werden müssen.

UECKERMANN empfiehlt den Abschuss folgendermaßen zu gliedern:

Lämmer-♂	30 %	Lämmer-♀	30 %
Widder der Kl. IIb	50 %	Schmalschafe	10 %
Widder der Kl. I	20 %	Altschafe	60 %

Diese Verteilung scheint wildbiologisch nicht sehr sinnvoll. Notwendig ist zunächst eine Unterscheidung in Schmalwidder und »Mittelklasse«, wobei

Ein reifer Widder mit seiner gesattelten Decke, dem langen Flies und seinen gedrehten Schnecken ist schon eine imposante Erscheinung. Aber wirklich heimisch ist er bei uns nicht.

deutlich mehr Schmalwidder geschossen werden müssen als solche im Alter von zwei bis fünf Jahren. 20 % Erntewidder ist wohl auch Utopie. Und auch die Aufteilung beim weiblichen Wild ist ziemlich naturwidrig. Der Anteil der Schmalschafe ist viel zu niedrig, jener der Altschafe zu hoch.

Vorschlag:

Lämmer-♂	30 %	Lämmer-♀	30 %
Schmalwidder	40 %	Schmalschafe	40 %
Mittelklasse	20 %	Altschafe	30 %
Erntewidder	10 %		

Natürlich sind die Zahlen nur als Richtwerte zu verstehen. Der Unterschied zu UECKERMANNS Empfehlung ist der, dass in der Jugendklasse viel stärker geschossen wird als in der Mittel- und Altersklasse. Bei den Schafen können wir problemlos zwischen ein- und mehrjährigen unterscheiden und erkennen wohl auch wirklich alte Schafe. Doch ist eine halbwegs genaue altersmäßige Zuweisung bei den mehrjährigen Schafen nicht grundsätzlich möglich. 10 % Erntewidder ist – bei einem der tatsächlichen Zahl des vorhandenen Wildes angepassten Gesamtabschuss schon hoch angesetzt.

Keiner kann es zählen

Nicht zuletzt durch eine unqualifizierte Bejagung wurden die Sauen fast überall zum Nachtwild. Damit entziehen sie sich der Zählung noch mehr als alle anderen Schalenwildarten. Doch da es überhaupt keinen Grund zur Aufstellung eines Abschussplanes gibt, entfällt auch die Notwendigkeit einer Bestandserfassung. Nirgends besteht die Gefahr einer Übernutzung. Das Gegenteil ist der Fall: Die Schwarzwildbestände explodierten europaweit, und wir Jäger waren bis jetzt nicht in der Lage, sie in Griff zu bekommen. Wie bei den wiederkäuenden Schalenwildarten entscheiden Nahrungsangebot und Witterung über die Höhe des Zuwachses. Vorausgegangene Mastjahre sorgen für viele befruchtete Eier in den Bachen. Milde Temperaturen im Spätwinter begünstigen hohe Überlebensraten.
Vergleichende Untersuchungen im Saarland durch FEICHTNER zeigten eine Abhängigkeit der Frischlingsraten vom Vorkommen der Eiche in den Altbeständen. In Forstämtern mit mehr als 10 % Eichenalthölzern stiegen die

Entwicklung der Schwarzwildabschüsse 1936–2001 (Alt-Bundesländer)

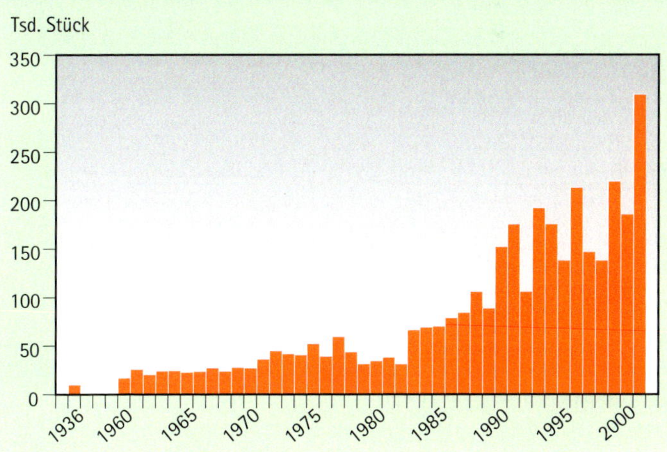

Daten: DJV-Handbücher

Die Schwarzwild-Strecken haben sich von 1936 (10121 Stück) bis 2001 (309274 Stück) mehr als verzwanzigfacht.

Schwarzwildstrecken nach Mastjahren ganz deutlich an. Hingegen konnte kein Zusammenhang zwischen Schwarzwildstrecke und Maisanbaufläche nachgewiesen werden.
Starke Fruchtjahre der Eiche wirken sich zwar auf den Frischlingssegen aus, dämpfen aber momentan den Jagderfolg. So sinken die Schwarzwildabschüsse in Mastjahren im Oktober ganz drastisch ab. Die Sauen nehmen keine Kirrung an und konzentrieren sich in den an Eiche reichen Wäldern.

Ziele der Bejagung

Hauptanliegen der Jagd muss der Abbau der in weiten Teilen der Bundesrepublik und teilweise auch in den Nachbarländern weit überhöhten Schwarzwildbestände sein. Das ist ein verdammt hohes Ziel, das bisher – auf größerer Fläche – nirgends erreicht wurde. Die erste Etappe auf dem Weg zu diesem Ziel ist die völlige Nutzung des Zuwachses. Betrachtet man die Streckenentwicklung, dann wurde auch diese Etappe weit verfehlt.
Auf dem Papier lassen sich wunderbare Modelle entwickeln, die dem Jäger sagen, wie viele Frischlinge und wie viele Überläufer und reife Sauen er zu schießen hat. Weise Ratschläge sind am leichtesten dann zu erteilen, wenn man selbst nie verantwortlich war und nie aus eigener Tasche den Wildschaden zu bezahlen hatte!
Die Praxis schaut völlig anders aus, und sie ist – wie die Wahrheit – nicht selten hässlich. Aber was will ich von einem Jäger verlangen, der nicht mehr weiß, wie er die Landwirte beruhigen und die Schäden bezahlen soll, wenn ihm in der dritten Nacht endlich die Sauen kommen und er froh sein muss, wenn nach langem Nervenkitzel endlich eine auf der schmalen Schneise im Mais stehen bleibt. Soll er sie dann wirklich nach ihrem Personalausweis oder Geburtsdatum fragen? Natürlich widerstrebt es jedem Jäger, eine führende Bache zu schießen! Das macht ja keiner absichtlich. Aber die Verhältnisse draußen sind nun einmal nicht so glatt und die Sauen nicht so ruhig und geduldig wie bedrucktes Papier.
Empfehlungen, 70 % oder 80 % der Frischlinge zu erlegen, klingen sehr gut. Aber woher weiß der Jäger, wie viele Frischlinge 80 % sind, wenn er nicht einmal weiß, wie viele Frischlinge es insgesamt gibt? Nein, unser Bestreben

Tagaktiv sind Sauen fast nur noch in Schwarzwildgattern, in denen massiv zugefüttert und der Abschuss auf Drückjagden erfüllt wird.

muss sein *alle* Frischlinge zu erlegen, die wir sehen und etliche Überläufer und erwachsene Sauen dazu. Denn selbst wenn wir es uns noch so verbissen vornehmen, werden wir nicht dazu in der Lage sein!
An dieser Stelle sei gestattet, an die ersten Nachkriegsjahre zu erinnern. Damals tauchte Schwarzwild in Gegenden auf, in denen es ein Jahrhundert hindurch nicht mehr gesehen wurde. Anfangs galt für die deutschen Jäger sogar noch das Jagdverbot der Alliierten. Nur wenige Jäger besaßen eine Sondergenehmigung zum Führen einer Feuerwaffe. Waffentechnik und Optik waren der heutigen weit unterlegen. Zielfernrohre waren ziemlich unbekannt. Gekirrt hat niemand, weil jedes einzelne Maiskorn und jede Kartoffel dringend für die menschliche Ernährung gebraucht wurde. Und Schwarzwildschäden schlugen direkt bis in den eigenen Magen durch. Trotzdem waren die Jäger damals – ohne weise Bejagungsmodelle – durchaus in der Lage, die Sauen aus weiten Teilen des Landes wieder völlig zu verdrängen. Sie wollten es und schossen, was sie sahen!

Jagd oder Ovulationshemmer?

Natürlich haben die Jäger heute andere Ziele. Sie wollen die Sauen gar nicht auf den Stand von 1960 zurück drängen, und sie wollen (und sollen) nicht auf alles schießen was Borsten trägt. Aber wenn die derzeitigen Schwarzwildbestände nicht großflächig Opfer der Schweinepest werden sollen und

Wo die Sauen im Wald nicht unter Dauerbeschuss stehen, gehen sie auch bei Tage der Nahrungssuche nach.

Wenige gut organisierte, am besten gleich revierübergreifende Drückjagden liefern meist höhere Strecken als ständige Einzeljagd an der Kirrung.

wenn man auf Dauer den Einsatz von Ovulationshemmern verhindern will, dann muss – wenn es sein muss auch unkonventionell – gehandelt werden. Wenn wir die Schwarzwildbestände ernsthaft in Griff bekommen wollen (Feldrevierpächter wollen das!), müssen wir zunächst den hausgemachten Zufluss von Energie stoppen, die spontan in Vermehrung umgesetzt wird. Das bedeutet Schluss mit missbräuchlichem Kirren samt der sogenannten Ablenkfütterung! Sauen lassen sich durch noch so viele, noch so gut beschickte Kirrungen nicht vom Feld abhalten. Gleichzeitig merkt auch das dümmste Schwein, dass es im Wald mindestens so gefährlich ist (oft noch gefährlicher) wie im Feld.

Zuwachs minus Winterverluste

In Diezels Niederjagd, 16. Auflage, lesen wir noch: *»Ist das Jahr ausnehmend günstig, dann kann man in Deutschland mit 5 bis 6 in den Herbst gelangenden Junghasen pro Häsin, also allenfalls mit einer Vervierfachung des Frühjahrsbesatzes rechnen. Dieser selbst muss das allermindeste sein, was man übrig lässt, wenn man sehr optimistisch ist und keine Verlustreserven vom Ende der Jagdzeit bis zum Erscheinen des ersten Satzes einrechnet.«*
Wer diese beiden Sätze beherzigte und guten Glaubens danach handelte, war auf dem besten Wege, den Hasen in die jagdliche Bedeutungslosigkeit zu führen!
Wie man sich einen brauchbaren Überblick über den Hasenbestand seines Reviers verschafft, haben wir bereits besprochen. Im Abgleich von Frühjahrs- und Herbstzählung ermitteln wir nun den verbliebenen Zuwachs zum Zeitpunkt der Herbstzählung. Dieser ist aber nicht gleichbedeutend mit dem nutzbaren Zuwachs, denn im Laufe des Herbstes und Winters ist immer noch mit natürlichen Abgängen in Höhe von 15 bis 20 % zu rechnen. Genau lässt sich das nie sagen, weil wir den Verlauf der Witterung nicht kennen und weil die Verluste durch den Straßenverkehr revierweise recht unterschiedlich sind. In stark von Straßen durchzogenen Revieren können die Winterverluste durchaus ein Viertel des Herbstbestandes betragen. Dabei steigen mit der Hasendichte auch die natürlichen Verluste! Jedenfalls ist »vorhalten« angesagt, um auf die sichere Seite zu gelangen.

Aus der nachstehenden, von KLANSEK und VAVRA (1993) erarbeiteten Tabelle kann der Jäger – nach dem er den Zuwachs errechnet hat – die maximale jagdliche Nutzung ablesen. Die beiden Forscher unterstellen dabei eine Wintersterblichkeit von 15 %.

Wie viele Hasen kann ich erlegen?

Zuwachs	maximale Nutzung
0 %	0 %
20 %	5 %
30 %	10 %
40 %	15 %
50 %	20 %
60 %	25 %
70 %	30 %
80 %	35 %
100 %	40 %

Entwicklung der Hasenstrecke 1936–2001 (Alt-Bundesländer)

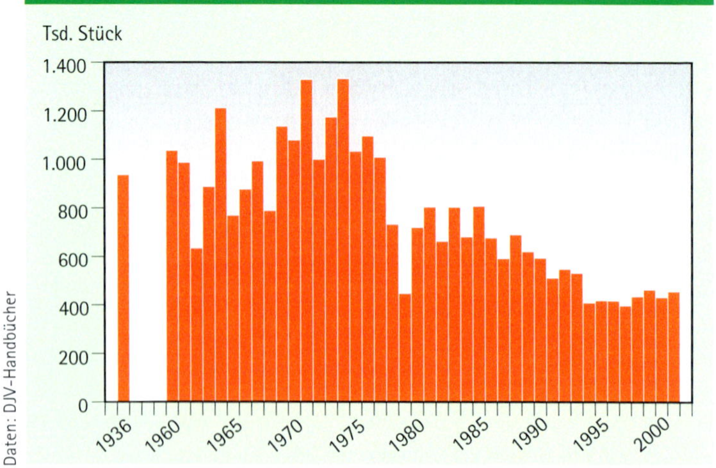

Wenn man berücksichtigt, dass die Verkehrsverluste wahrscheinlich annähernd so hoch sind wie die Jagdstrecke, dann werden die Gesamtabgänge an Feldhasen heute – trotz großer Lebensraumverluste – nicht viel geringer sein als in den 30er-Jahren des vorigen Jahrhunderts.

Wetter bestimmt den Trend

Wenn man Gelegenheit hat, langjährige Streckenaufzeichnungen aus früheren Zeiten zu studieren, ist schnell zu erkennen, dass es immer unglaublich große Schwankungen gab. Dies auch in Zeiten, in denen alles vernichtet wurde, was Fangzähne oder einen krummen Schnabel hatte und sich in der Landwirtschaft kaum etwas geändert hat.

In den letzten Jahrzehnten gingen die Hasenstrecken Mitteleuropas kontinuierlich zurück – und zwar fast überall! Die Strecken sanken auch dort, wo nach wie vor intensivst Beutegreifer verfolgt werden, weil die Hasen als Lebendfänge oder als Jagdwild vermarktet werden. Allerdings gab und gibt es einzelne Reviere, in denen immer noch gute Strecken erzielt werden. Insgesamt scheint sich der Rückgang zu verlangsamen, und teilweise scheinen sich die Bestände zu erholen.

Es ist nicht Thema dieses Buches Rückgangsursachen zu erforschen. Doch die Feststellung, dass die Witterung einen nicht unwesentlichen Einfluss nimmt, darf getroffen werden. Fest steht auch, dass wir uns in einer Phase der Klimaerwärmung befinden. Gleichwohl nehmen die Niederschläge im Sommerhalbjahr zu, was sich in inzwischen fast alljährlichen Überschwemmungskatastrophen dokumentiert. Diese Niederschläge fallen jedoch zu ganz unterschiedlichen Zeiten, und so wirken sie sich auch auf das Überleben der Junghasen unterschiedlich aus.

Hasenschwache Jahre gab es auch in Zeiten reicher Strecken. Und in den vergangenen 100 Jahren machten sich die meisten Jäger im Herbst Gedanken, welche Ernte wohl zu verantworten sei. Immer ging es darum, dem Revier einen gesunden Stammbesatz zu erhalten. Wie stark die Strecken auch früher schwankten, als die Jäger noch alles daran setzten, das Raubwild auszurotten (das war ein erklärtes Ziel!) und die Landwirtschaft noch sehr kleinflächig und ohne jeden Einsatz von Mineraldünger, Herbiziden, Pestiziden und Fungiziden betrieben wurde, zeigt die Hasenstrecke im Herzogtum Gotha von 1765 bis 1847. Schwankungen im Bereich von 100 %, nach oben wie nach unten, sind nicht außergewöhnlich. In manchen Jahren fielen die Strecken scheinbar ins Bodenlose. Man vergleiche nur einmal die Jahre 1844 und 1845 miteinander...

Entwicklung der Hasenstrecke 1765–1847 im Herzogtum Gotha

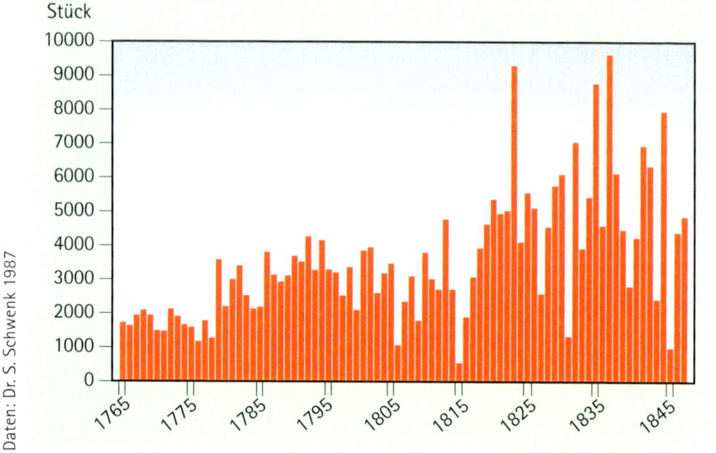

Die Strecken schwankten in den einzelnen Jagdjahren – unbeeinflusst von Rabenvogel-Erlassen und Fallenverboten – zwischen 569 Hasen (1814) und 9.654 Hasen (1836).

Wir rotten sie nicht aus

In einigen Bundesländern wird der Feldhase inzwischen in der »Roten Liste« geführt. Diese Maßnahme hat wohl mehr jagd- und gesellschaftspolitischen Charakter als wildbiologischen. Natürlich ist der Feldhase im deutschsprachigen Raum nirgends vom Aussterben bedroht. Und in den höheren oder besonders niederschlagreichen Gebieten war er immer schon ein sehr rares Wild. Aber wo nur wenige Hasen leben und gesehen werden, bleibt auch die Strecke klein.

Betrachten wir nur einmal das Alpenvorland. Im Stau der Alpen sind die Niederschläge seit jeher hoch. Im Allgäu etwa können sie 2000 mm/Jahr erreichen. Trotzdem sind in manchen Sommern auffällig viele Hasen zu sehen. Doch nach den ersten noch vor Beginn der Schusszeit niedergehenden Herbstregen sind plötzlich keine mehr da. Zumindest sieht man kaum noch welche. Es hat die Junghasen sozusagen »geputzt« – Kokzidiose! Es wäre müßig, jetzt ein Bejagungsverbot auszusprechen, denn wo man kaum

welche sieht, werden auch kaum welche erlegt. Ja – es fällt der eine oder andere »Ansitzhase«. Vielleicht wird einer nebenbei auf der Rehwild-Drückjagd geschossen. Aber diese mehr als bescheidene Ernte greift kaum in den Stammbesatz ein. Sie bewegt sich absolut im Bereich der kompensatorischen Sterblichkeit. Wir könnten auch sagen, wir klauen unseren Küchenhasen der Kokzidiose, dem Fuchs, dem Habicht, dem Winter oder dem Straßenverkehr.
In der Mehrzahl der dortigen Reviere werden längst keine Hasen mehr geschossen. Die früher üblichen kleinen Stamperjagden, die neben dem Hasen vor allem dem Fuchs und der Schnepfe galten, gehören der Vergangenheit an. Die hohen Rehwildabschüsse und neuerdings auch das eindringende Schwarzwild lassen für solche Vergnügen kaum noch Raum und Zeit. Gleichwohl haben die absoluten »Schonreviere« keine höheren Hasendichten als jene, die nach wie vor sparsam ernten.
In der Regel sind auch mehr Hasen vorhanden, als wir im Herbst sehen und glauben. Ich erlebe das immer wieder, wenn ich in winterlichen Mondnächten viele Stunden in der Luderhütte verbringen. Da sehe ich in einer Nacht an einem Platz oft mehr als den ganzen Herbst hindurch bei Früh- und Abendansitz!

Jagd mit Augenmaß

Natürlich ist längst nicht jede Form der Bejagung akzeptabel. Das gilt für alle Reviere. So verliert eine Gesellschaftsjagd ihre Berechtigung, wenn nicht zumindest auf zwei Schützen ein Hase als Strecke entfällt. In den Revieren

Die Winterverluste bei den Feldhasen können erheblich sein und müssen bei der Bejagung berücksichtigt werden.

mit traditionell guten Hasenstrecken wird dieser Grundsatz am ehesten eingehalten. Daneben gibt es aber auch eine große Zahl von Jagdpächtern, die Treibjagden veranstalten, obwohl auf zehn beteiligte Schützen manchmal nicht einmal mit einem erlegten Hasen zu rechnen ist. Das ist schlicht verantwortungslos und betrifft jeden Teilnehmer, also nicht nur den Veranstalter. Erstens werden die Hasen maßlos übernutzt, zweitens entsteht in der Öffentlichkeit ein denkbar schlechtes Bild vom Jäger, der in Wirklichkeit ein wildbiologisch verantwortungsloser Schießer ist.
Wo die Treibjagd nicht mehr zu verantworten ist, mag sich der Jäger den einen oder anderen Ansitzhasen holen.

Einen Teil der Flächen unbejagt lassen

Zu den Grundsätzen des traditionellen Niederwildhegers gehört es – dort, wo Treibjagden stattfinden – alljährlich etwa ein Drittel der Revierfläche unbejagt zu lassen. Das ist im Prinzip nicht schlecht. Die Empfehlung stammt aber aus Zeiten, da die Reviere noch groß und die Hasenzählung mittels Scheinwerfertaxation noch unbekannt war, und sie zielte auch nicht nur auf den Hasen, sondern auf das Niederwild generell.

Bedroht ist der Feldhase nicht, auch wenn ihn manche sogar aus dem Katalog der jagdbaren Tiere entfernen wollen. Aber der jagdliche Aufwand (vor allem die Schützenzahl) muss in einem gesunden Verhältnis zur Strecke stehen.

Heute sind viele Niederwildreviere so klein und zusätzlich von Straßen, Bahnlinien und Siedlungen zerschnitten, dass für eine Treibjagd kein Platz mehr wäre, wenn auch noch ein Drittel der Fläche ausgenommen würde. Folglich wird sich auch kaum ein Revierinhaber an die – im Prinzip – gute Regel halten. Wenn heute dennoch der eine oder andere Fleck unbejagt liegen bleibt, dann hat das meist andere Gründe. Etwa weil Straßen und Häuser das Schießen oder das Freilaufen der Jagdhunde verbieten oder weil aus angrenzenden Wohnsiedlungen Proteste gegen eine »häusernahe« Jagd zu erwarten sind.
Wer sich vor der Jagd ernsthaft über das in seinem Revier vorhandene Niederwild informiert und Gedanken darüber macht, wie viel davon schadlos genutzt werden kann, der darf auch die gesamte Fläche bejagen.

Hasendichte / Hasennutzung

Die von der Wildforschungsstelle Aulendorf in baden-württembergischen Referenzrevieren durchgeführten Hasenzählungen mittels Scheinwerfertaxation erbrachten ganz unterschiedliche Werte. Am niedrigsten war die Feldhasendichte im Markgräfler Land mit nur 2,6 Hasen/100 ha Feld, am höchsten mitten in der Großstadt Stuttgart mit 98,6 Hasen/100 ha Feld. Im Landesmittel waren es 18,9 Hasen/100 ha Feld. Bundesweit durchgeführte Zählungen erbrachten Ergebnisse von 178 Hasen/100 ha Feld in Nordrhein-Westfalen und 0,5 Hasen/100 ha Feld in Brandenburg. Dr. PEGEL, der Leiter der Wildforschungsstelle empfiehlt, bei Dichten unter 20 Hasen/100 ha Feld die Freigabe bei den Treibjagden zahlenmäßig zu begrenzen.
In gemischten Wald-Feld-Revieren und insbesondere im Mittelgebirge wird die Hasendichte auch oft unterschätzt, einfach weil sich niemand um sie kümmert, weil das Schalenwild die ganze Zeit und Aufmerksamkeit des Jägers beansprucht. Ich habe in meinem kleinen Moosrevier im Voralpenland (700 m Seehöhe, 2000 mm Jahresniederschlag) versucht, die Hasen in den mondhellen Schneenächten zu zählen, was gar nicht so schwierig war. Die Hasen verlassen dort im Herbst und Winter den Wald recht spät. So ist beim Abendansitz kaum je ein Hase zu sehen, und in manchen Jahren muss der früher obligate Küchenhase durch Schweinernes ersetzt werden. Dennoch

kam ich bei den nächtlichen Zählungen von wechselnden Ansitzen aus auf rund 5 Hasen/100 ha Revierfläche oder 10 Hasen/100 ha Wiesenfläche.
Da der »Feldanteil« des Reviers nur aus Grünland besteht, haben die Hasen generell keine Veranlassung, sich mehr als 200 Meter vom Waldrand zu entfernen. Bei Schnee schränkt sich ihr Aktionsradius weiter ein. Sie suchen dann bevorzugt feuchte Wiesenstellen auf, an denen warmes Quell- und Sickerwasser den Schnee unterhöhlt, der dann sukzessive nachsinkt oder einbricht. So entstehen in der geschlossenen Schneedecke Löcher, die frisches grünes Gras freigeben und von den Hasen bevorzugt aufgesucht werden. Ferner werden gerne Altgrasböschungen aufgesucht, die wegen ihrer Neigung frühzeitig von der Sonne freigetaut werden.
Der Leser wird fragen, warum ich den Hasenbesatz nicht einfach mit Hilfe der weiter vorne empfohlenen Scheinwerfertaxation zu erfassen suche? Nun, dazu fehlen mir die notwendigen befahrbaren Wege. Zudem ist das Gelände zu sehr gegliedert, und ab Dezember verhindert fast immer der Schnee den Einsatz eines Kraftfahrzeuges.

Zählergebnis gut, Strecke schlecht

Dass wir bei Zählungen an wenigen aufeinander folgenden Tagen, auch bei vergleichbaren Witterungsbedingungen unterschiedliche Ergebnisse erhalten, wurde bereits angedeutet. Nur schwer erklärbar sind die Unterschiede zwischen nächtlicher Zählung und nachfolgender Jagd. Nun werden die meisten Revierinhaber schon ein, zwei Wochen vor der Jagd zählen, einfach weil eine Jagd vorbereitet werden muss und man den Schützen nicht einen Tag vorher absagen will. Da könnten also in der Zwischenzeit noch einige Hasen ums Leben kommen. Zu großen Überraschungen kommt es aber gelegentlich auch dann, wenn unmittelbar vor der Jagd gezählt wurde.
Haarstick ist diesem Phänomen in Niedersachsen nachgegangen und hat im Niedersächsischen Jäger 5/94 darüber berichtet, fand aber auch keine schlüssige Erklärung. Er führte unmittelbar vor der Jagd ein oder auch zwei Scheinwerfertaxationen durch. Hasen, bei denen der Verdacht auf Doppelzählung bestand, wurden ignoriert. Bei den am Folgetag durchgeführten Jagden wurden jedoch – im Feld – deutlich weniger Hasen gesehen als bei

Ergebnisse Scheinwerfertaxation/Jagd					
Revier	Zählbereich	Zählung		Jagdtag	
		1	2*	gesehen	erlegt
I (Moor)	–	34	–	12	8
II (Harz-vorland)	1 (Feld)	8	12	8	0
	2 (Feld)	17	13	1	0
	2 (Wald)	–	–	2	2
	3 (Feld)	9	–	–	–
	3 (Wald)	0	–	1	1
Summe		68	25	24	11

* Nur in zwei Zählbereichen durchgeführt.

der Zählung (siehe Tabelle). Da in den Zählbereichen 2 und 3 bei der Jagd ungleich weniger Hasen gesehenen wurden als bei den Scheinwerfertaxationen wurde zunächst vermutet, sie könnten sich im Wald aufhalten. Daher wurde im Anschluss auch der Wald bejagt, jedoch ebenfalls ohne nennenswerte Ergebnisse.

Es wäre fahrlässig, diese Erfahrungen zu verallgemeinern. Sie legen aber doch die Vermutung nahe, dass in einem Teil der Reviere deutlich mehr Hasen vorhanden waren als bei den Jagden gesehen wurden. Unbeantwortet bleibt dabei die Frage, *warum* sie nicht gesehen wurden und wo sie sich am Tage aufhielten. Es ist anzunehmen, dass die Ursachen für die Abwesenheit oder Nicht-Sichtbarkeit der Hasen bei den Jagden revierspezifisch sind. Denkbar wäre:

- Die Hasen haben sich an Störungen im Feld gewöhnt, wurden »dickfellig« und bleiben einfach liegen.
- Die Hasen verbringen den Tag vermehrt im Wald und werden dort nicht gefunden.
- Der Druck durch Greifvögel ist gestiegen und hält die Hasen in den Sassen.

Jedenfalls zeigen die bei den Scheinwerfertaxationen gemachten Erfahrungen, dass viele Hasen erst zu später Stunde den Wald verlassen, um ins Feld zu rücken. Das ist ja auch der Grund dafür, dass wir erst etwa zwei Stunden nach Einbruch der Dunkelheit mit der Taxation beginnen.

Gefahr der Übernutzung

Wenn der Revierinhaber, so wie oben beschrieben, den nutzbaren Zuwachs ermittelt, und sich auch wirklich daran hält, spielt es keine große Rolle, welche Jagdart er bevorzugt. Wenn jedoch bei der Treibjagd alle vorkommenden Hasen geschossen werden, besteht durchaus die Gefahr der Übernutzung. Das größte Problem dabei ist heute der Treibermangel. Kamen früher bei jeder sauber geführten Jagd zumindest zwei Treiber auf einen Schützen ist es heute umgekehrt. Noch schlimmer: Mancherorts wird fast nur noch mit Schützen gejagt. Bei den Streifen gehen sie schon zu Beginn im Abstand von 30 Metern, und die aufgestellten Flügelschützen reihen sich dann auch noch ein. Fatal wirkt sich die Kompensation fehlender Treiber durch Schützen auch bei den Kesseljagden aus, weil dabei kaum ein Hase unbeschossen nach hinten durchkommt. Wird dann zusätzlich auch noch die Suche ausgeübt oder auf gleicher Fläche zweimal gejagt, darf man sich über einen Zusammenbruch der Hasenbestände nicht wundern.
Manchmal entsteht der Eindruck, dass mit dem Pachtpreis auch der Hang zur Rücksichtslosigkeit und Übernutzung steigt. Niederwildfeldreviere sind Gesellschaftsjagdreviere. Der Revierinhaber möchte sie gesellschaftlich nut-

Wahrscheinlich werden in der Bundesrepublik ebenso viele Hasen überfahren wie erlegt. Damit aber wären die Strecken fast so hoch wie vor 70 Jahren!

zen. Ob er nun Geschäftspartner oder persönliche Freunde einlädt bleibt sich gleich. Sind wenig Hasen da oder ist die Fläche so klein, dass nur mit wenigen Schützen gejagt werden kann, werden einfach mehrere Jagden nacheinander veranstaltet. Oder man verzichtet auf die Treibjagd und stampert statt ihrer an drei Samstagen mit einem Dutzend Schützen über die ausgeräumten Felder.

Dort, wo die Treiber durch Schützen ersetzt werden, besteht grundsätzlich die Gefahr der Übernutzung. Spittler sieht im Vorstehtreiben die schonendste Art den Hasen zu bejagen.

In der Tat kommt bei manchen Jagden ein Schütze auf zehn Hektar Jagdfläche. Das mag erschreckend und reichlich übertrieben klingen, heißt aber nichts anderes, als dass in einem 300-Hektar-Revier 30 Jäger an einer Treibjagd als Schützen teilnehmen – manchmal sind es sogar deutlich mehr! Mit schonender, nachhaltiger Jagd hat das nichts mehr zu tun.

Ich darf an dieser Stelle nochmals Spittler in den Zeugenstand rufen. Er vertritt die Ansicht, dass bei gutem Hasenbesatz ein 500 Hektar großes Feldrevier eine Treibjagd unter Beteiligung von nicht mehr als 20 Flinten verträgt. Die Praxis schaut oft anders aus...

Wann soll gejagt werden?

In den meisten Bundesländern beginnt die Jagdzeit am 16. Oktober, in einigen wenigen bereits am 1. Oktober. Nun wurde in den letzten Jahren vielfach die Meinung vertreten, es sei sinnvoll, die Hasen möglichst früh zu bejagen, weil dabei auch solche zur Strecke kämen, die ansonsten noch Opfer der Kokzidiose würden.

Spittler hält dies nicht für gerechtfertigt und verweist darauf, dass im Oktober und November nicht mehr mit Verlusten durch die Kokzidiose, dafür aber mit noch säugenden Häsinnen zu rechnen sei. Er empfiehlt eine Bejagung der Hasen erst im Dezember. Sicher findet der Hase im Oktober und November ungleich mehr Deckung im Feld als im Dezember. Folglich stehen bei einer späten Bejagung mehr Hasen auf als bei einer frühen. Sicher sticht auch Spittlers Hinweis, dass bei reicher Deckung die Nachsuchen schwieriger sind und folglich mehr krankgeschossene Hasen verloren gehen.

Verhältnis Junghasen zu Althasen

Nicht wenige der vom Fuchs erbeuteten Althasen tragen Schrote in sich...

Eine ziemlich simple, gleichwohl gute »Verträglichkeitsprüfung« ist die Altersfeststellung an den bei einer Gesellschaftsjagd erlegten Hasen. Zu diesem Zweck bietet sich das Stroh'sche Zeichen am Vorderlauf an. Es lässt sich im ersten Lebensjahr des Hasen noch deutlich fühlen, später jedoch nicht mehr. Verantwortbar ist die Freigabe auf Gesellschaftsjagden nur, wenn deutlich mehr Jung- als Althasen geschossen werden. Daher wird der Jagdleiter spätestens in der Mittagspause die bis dahin geschossenen Hasen untersuchen und im Zweifel die Jagd abbrechen oder eben nur noch anderes Niederwild freigeben.
Eine andere Möglichkeit der Selbstbeschränkung ist die, dass jeder Schütze eben nur einen oder zwei Hasen schießen darf. Das macht freilich nur dann Sinn, wenn gleichzeitig auf andere Niederwildarten, etwa Fasan und Kaninchen, gejagt wird.

Seuchenhege

Eine Zählung der Kaninchen war noch nie möglich und ist auch nicht notwendig. Daher wurden sie im Kapitel über die Erfassung von Wildtieren auch nicht berücksichtigt.
Ich erinnere mich noch gut an die ersten Nachkriegsjahre mit ihrem überreichen Kaninchensegen. Kaninchen waren in meiner Kinderheimat, mit Ausnahme der feuchten Auwälder, überall präsent. Dabei ging niemand

pfleglich mit ihnen um, weder die Jäger noch all die anderen Interessenten. Überall im Wald hingen Drahtschlingen, die wir als Buben regelmäßig revidierten, die gefangenen Kaninchen auslösten, mit heim nahmen und die Schlingen vernichteten. Doch dann, Ende der 50er-Jahre kam die Myxomatose. Überall saßen erkrankte Kaninchen herum, und die Bestände brachen zusammen.
Doch bald erholten sie sich wieder. In den Jagdzeitschriften wurden jede Menge Wildkaninchen und Bastarde zur »Blutauffrischung« angeboten. Dies obwohl das Aussetzen verboten war!
Seither gingen mehrere Myxomatosewellen übers Land, und der Stamm resistenter Tiere wuchs. Erst die vor einigen Jahren auftauchende Chinaseuche warf die Bestände wirklich auf den Boden. Seither sind die Kaninchen in manchen Gebieten völlig ausgestorben, in anderen halten sich kleine, momentan wirklich nicht bejagbare Restbestände.
Dass die Myxomatose immer wieder zuschlug, lag nicht zuletzt an den Jägern, denn statt aus den ersten Seuchenzügen zu lernen und fortan alles daran zu setzen, die Kaninchenbestände möglichst niedrig zu halten, setzte man vielerorts auf Schonung und Hege. Es sollte alles wieder so »schön« werden, wie es einmal war – mit Kaninchen satt.
Für die Zukunft kann man den Jägern nur raten, die Bestände nicht mehr so wie früher anwachsen zu lassen. Denn nur auf sehr niedrigem Niveau scheint ihr Überleben längerfristig gesichert!

Wichtigste Hegemaßnahme bei den Kaninchen ist intensive Jagd, nur so können verlustreiche Seuchenzüge vermieden oder gemildert werden. Weder können die Kaninchen gezählt werden, noch ist das erforderlich.

Entwicklung der Kaninchenstrecken 1936–2001 (Alt-Bundesländer)

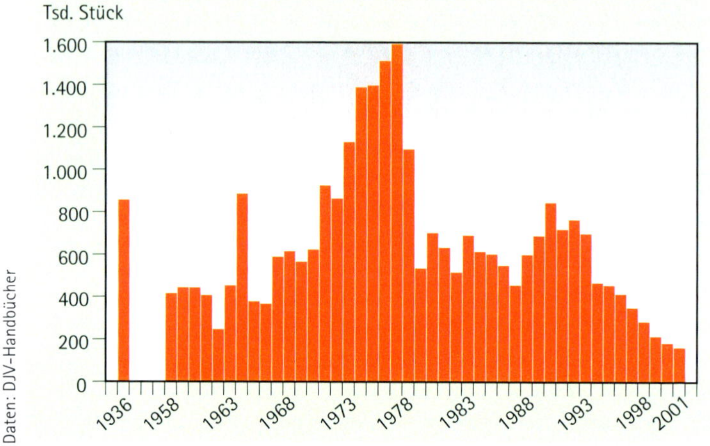

Günstige Witterung fördert die Überlebensraten der Jungkaninchen; hohe Besatzdichten erzwingen den Ausbruch der Myxomatose und den Absturz.

Fasan – wie hoch kann der Zuwachs sein?

Entscheidend für die jagdliche Nutzung ist auch beim Fasan der tatsächliche Zuwachs und nicht irgend eine auf den Frühjahrsbesatz gründende Faustzahl. Die Sterblichkeit ist auch in Jahren mit »normaler« Witterung hoch und liegt nach dänischen Untersuchungen im ersten Lebensjahr bei rund 80 %. Die pauschale Rückführung des Zuwachses auf den Frühjahrsbestand ist schon deshalb nicht möglich, weil das Geschlechterverhältnis sehr unterschiedlich sein kann. Müller-Using hält ein solches von 1:7 für sehr günstig, doch dürfte in den meisten deutschen und österreichischen Fasanenrevieren auf einen Hahn selten mehr als vier Hennen kommen.

Zählungen in schleswig-holsteinischen Referenzrevieren ergaben Dichten von 0,7 bis 11,2 Fasane/100 ha Feld, bei Geschlechterverhältnissen von 1:3 bis 2:3. Das sind im Mittel etwa 6 Fasane/100 ha oder 18 Fasane auf 300 ha. Bei einem Geschlechterverhältnis von 1:4 wären das rund 14 Hennen.

Gehen wir einmal von diesem Bestand aus. Pro Henne dürfen wir im Schnitt zwar mit 10 Eiern rechnen, doch geht heute ein Großteil der Gelege bereits durch die Landwirtschaft verloren. Von den geschlüpften Küken stirbt vor allem bei kühler, feuchter Witterung ein beträchtlicher Teil bereits während der ersten Lebenswoche. So werden – selbst unter günstigen Bedingungen – kaum mehr als 30 Küken beziehungsweise Jungfasanen den November und damit unseren Jagdtag erleben. Davon sind höchstens die Hälfte oder eben 15 Stück männlich. Doch selbst diese dürfen wir nicht vollständig nutzen, denn es ist noch mit einem Viertel an Winterverlusten zu rechnen. Also nochmals drei Stück von der Liste gestrichen. Jetzt sind wir bei 12 Hähnen, die wir halbwegs guten Gewissens nutzen dürfen. Aber das ist auch schon das Maximale! Wer mehr schießt vernichtet die Winterreserve.
MÜLLER-USING hält bei einem Geschlechterverhältnis von 1:7 im Frühjahrsbestand einen Hahnenabschuss in selber Höhe für vertretbar. Das ist deutlich weniger als die von mir genannte Zahl. Auch BEHNKE empfiehlt eine jagdliche Nutzung in Höhe des Frühjahrsbestandes an Hennen.

Entwicklung der Fasanenstrecke 1936–2001 (Alt-Bundesländer)

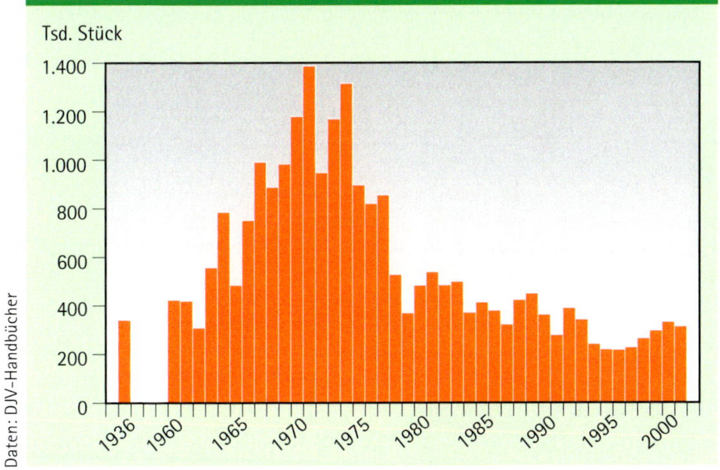

Wer hätte gedacht, dass heute in den Alt-Bundesländern fast genau so viele Fasanen erlegt werden wie in den »goldenen 30er-Jahren«, als die Landwirtschaft noch artenreicher und kleinstrukturiert war, Rabenvögel noch ganz legal vergiftet wurden, Greifvögel teils ganzjährige Jagdzeit hatten und hohe Balgpreise für intensive Fallenjagd sorgten?

Wann und wie jagen wir?

Suche und Streife sind bereits in der zweiten Oktoberhälfte vertretbar, vor allem dann, wenn man befürchten muss, dass die Fasane mit fortschreitendem Erntegang die Felder verlassen und in die Nachbarreviere verstreichen. Aber mit den Standtreiben im Wald lassen wir uns Zeit bis November. Erst muss das Laub von den Bäumen sein! Wenn es oben hell ist, stehen die Fasane vor den Treibern früher auf. So lange das Laub oben ist, laufen sie zu Fuß bis ans Ende des Treibens und stehen dann mehr oder weniger gemeinsam auf. Dabei wird zwar viel, aber nicht immer sauber geschossen.
Viele Niederwildjagden fallen heute durch eine unverhältnismäßig hohe Zahl an Schützen auf, die kaum mehr Wild unbeschossen durch lassen. Enger als 50 Meter sollten die Schützen jedenfalls nicht stehen. Wir dürfen, nein wir müssen davon ausgehen, dass der Anteil angeschossenen und nicht zur Strecke kommenden Wildes mit der Zahl der an einer Jagd beteiligten Jäger steigt, einfach weil »anonymer« und damit sorgloser geschossen wird. Dieser Effekt wird umso stärker, je weniger Wild im Verhältnis zu den beteiligten Jägern vorkommt. Mit steigender Schützenzahl wird das Verhältnis von abgegebenen Schüssen zu erlegtem Wild immer ungünstiger.
Es kommt folglich nicht nur darauf an, den Zuwachs möglichst realistisch zu erfassen und ausreichend Winterverluste einzukalkulieren. Ebenso wichtig ist die Limitierung der Schützen. Vor allem darf nicht zu eng abgestellt werden. Die Zahl der Schützen muss in einem angemessenen Verhältnis zur bejagten Fläche und vor allem zum vorhandenen Wild stehen.

Schon die Tatsache, dass die Fasane in den meisten Revieren ihres Vorkommens gefüttert werden müssen lässt auf hohe Winterverluste schließen und reduziert die jagdlichen Erwartungen. Hohe Strecken wurden nur in Zeiten erreicht, als jährlich Hunderttausende ausgesetzt wurden.

Darf man Hennen schießen?

Bei manchen Jagden werden mit dem Argument, einer Überalterung vorzubeugen, auch Hennen freigegeben. Nun mag, wer wirklich genug davon hat, auch Hennen schießen. Aber um die Überalterung des Hennenbestandes müssen wir uns nun wirklich keine Sorgen machen. Fuchs und Habicht sorgen mühelos dafür, dass die Hennen nicht überaltern. Im Gegensatz zu uns, können sie deren Kondition ganz gut einschätzen.

Was aber passiert, wenn wir Hennen schießen. Man darf eben nur »hahnenfedrige« schießen, werden jetzt einige Leser sagen. Aber, »hahnenfedrige« Hennen kommen nicht häufig vor. Ganz abgesehen davon, dass sich kaum jemand daran hält. Überdies ist Hahnenfedrigkeit kein unbedingtes und sicheres Zeichen von Überalterung. Und was heißt schon Überalterung? Wie viele Hennen werden denn draußen in freier Wildbahn tatsächlich älter als drei Jahre? Jedenfalls sind wir bei einer Freigabe kaum in der Lage, nur alte Hennen zu schießen und die jungen zu schonen. Was wir erlegen wird ziemlich genau die Altersstruktur des vorhandenen Bestandes spiegeln.

Wenn heute in vielen Revieren immer weniger Hennen Gesperre führen, dann hat das in erster Linie den Mangel an sicheren Brutplätzen als Ursache und nicht die Überalterung des Bestandes. Letztere dient eher als Schutzbehauptung für jene, die trotz geringen Bestandes an Hähnen jagen und gerne mit einigen Hennen die sonst magere Strecke kompensieren wollen.

Gerade die konsequente Schonung der Hennen macht es uns einfach, die schadlos mögliche Nutzung dieser Wildart einzuschätzen. Bei Rebhuhn

Wo es sich um echte »Naturfasane« handelt, sind die Strecken meist bescheiden.

und Feldhase können wir nicht zwischen männlich und weiblich unterscheiden, beim Fasan sehr wohl. Selbst wenn wir es bei den Rebhühnern könnten, würde es uns nichts nützen, weil diese ausschließlich in Einehe leben. Es hilft also nichts, wenn mehr Hennen als Hähne vorhanden sind. Beim Fasan ist das nicht so. Wer ein verhältnismäßig enges Geschlechterverhältnis hat, etwa 1 : 4, der darf sicher sein, dass seine Hennen auch dann im kommenden Frühjahr befruchtet werden, wenn er im Herbst bei den Hähnen etwas kräftiger zulangt.
Trotzdem sollten wir auch bei den Fasanenhähnen eine angemessene Wintersterblichkeit berücksichtigen. Denn es ist anzunehmen, dass ein gewisser Überhang an Hähnen der einen oder anderen Henne das Leben rettet, dies schon deshalb, weil die Hähne ungleich auffälliger sind als die Hennen. Andererseits tut sich der Habicht beim Schlagen der etwas kleineren Hennen leichter als bei den Hähnen.

Welche Nutzung ist möglich?

In einer Vereinbarung zwischen der Landesjägerschaft Niedersachsen und dem niedersächsischen Ministerium für Landwirtschaft wurde vereinbart, auf die Bejagung der Rebhühner überall dort zu verzichten, wo bei den Zählungen weniger als drei Brutpaare pro 100 ha Feldfläche festgestellt werden. Das mag dort ausreichen, wo die Hühner in ähnlicher Besatzdichte auch in den Nachbarrevieren vorkommen. Brutpaar-Zählungen in schleswigholsteinischen Referenzrevieren brachten Werte von 0,06 bis 2,54 Brutpaare/100 ha Feldfläche.

Rebhühner können nur noch in wenigen Revieren bejagt werden. Mittelfristig müssen wir jagdlich wohl Abschied von ihnen nehmen!

Die Winterverluste sind bei Rebhühnern in manchen Jahren so hoch, dass sie den Zuwachs übersteigen.

Sowohl die Brutpaardichte als auch der reale Zuwachs der Rebhühner wird in der Regel deutlich überschätzt. Viele Jäger lassen sich von der hohen Eizahl der Gelege blenden.
Es darf wohl davon ausgegangen werden, dass die Hühner in vielen Revieren lange Zeit hindurch übernutzt wurden. Sofern man sich überhaupt bemühte, den Zuwachs festzustellen, wurde er auch so weit als möglich genutzt. Wenn überhaupt, dann wurden viel zu geringe Winterverluste einkalkuliert. Die Winterverluste sind aber wohl in den meisten Fällen deutlich höher als angenommen. VODNANSKY und MÜHLHANSEL beobachteten in zwei Revieren drei Jahre hindurch Rebhuhnvölker. In einem der beiden Reviere wurden die Hühner im Winter gefüttert, im anderen nicht. Bei den ungefütterten Hühnern betrugen die Winterverluste zwischen 76 % und 64 %, bei den gefütterten immer noch zwischen 47 % und 34 %. Bedacht werden muss, dass die Winterverluste, ungeachtet irgendwelcher Hegemaßnahmen, von Jahr zu Jahr starken Schwankungen unterliegen.
Diese Zahlen machen deutlich, dass bei Rebhühnern nur eine sehr geringe Nutzung möglich ist. Angenommen, wir zählen im März 10 Brutpaare und jedes bringt im Schnitt 1,5 Junghühner bis zur Jagdzeit durch, dann sind bei Beginn der Jagdzeit zwar 25 Hühner vorhanden, von denen aber möglicherweise noch 15 (oder mehr) als Winterreserve gerechnet werden müssen. Geschossen werden dürften dann höchstens noch 5 Stück. Freilich kann es auch noch im Herbst zu Verlusten kommen, was die Bilanz weiter verschlechtert.

Vergessen wird immer wieder, dass das Maß der Gesamtsterblichkeit mit zunehmender Rebhuhndichte steigt. KALCHREUTER verweist auf MURTON (1971), der bei Untersuchungen in der Grafschaft Norfolk feststellte, dass in Jahren mit hoher Herbstdichte an Rebhühnern (über 250 Hühner/100 ha) bis über 70 % starben. Bei deutlich geringerer Dichte (unter 160 Hühner/100 ha) sank die Sterblichkeitsrate unter 60 %. Und im Jahr nach dem harten Winter 1962/63, der vielen Hühnern das Leben gekostet hatte, sank die Sterblichkeit sogar unter 30 % der den Winter überlebenden. Die Natur war folglich bestrebt, bedrohliche Verluste auszugleichen.
Andererseits bedeutet das aber auch, dass eine wirklich schonende und auf die jährlich wechselnden Situationen Rücksicht nehmende Bejagung im Rahmen der kompensatorischen Sterblichkeit erntet.

Ente, Taube & Co.

Sicher wird der eine oder andere Leser fragen, warum diese Niederwildarten nicht aufgenommen wurden. Nun – einfach weil sie nicht zählbar sind, und weil ihre Zählung auch nicht viel Sinn macht.
Wir können, abgesehen von kleinen »Dorfteichen«, weder unseren Brutbestand an Stockenten noch deren Küken zählen. Auch eine Zählung vor der

Die meisten der bei uns erbrüteten Wildenten ziehen im Herbst weg. Dafür kommen Enten aus dem Norden und Osten zu uns.

Ringeltauben sind Invasionsvögel, die in großen Flügen umher streichen und sich überall dort vorübergehend niederlassen, wo es besonders viele und leicht erreichbare Nahrung gibt. Die Forderung, sie nur im Rahmen von internationalen Abschussplänen zu bejagen kann wohl kaum ernst genommen werden.

Seit die Frühjahrsjagd auf Waldschnepfen gestrichen wurde, werden auch nur noch wenige erlegt.

Jagd muss fehl schlagen. Mauserenten liegen ohnehin im Schilf und sind so heimlich wie die Feisthirsche. Oft schon in der zweiten Septemberhälfte, spätestens im Oktober ziehen die bei uns erbrüteten Enten weiter. Andere, aus fremden Revieren stammende rücken nach. Im Winter halten sich bei uns überwiegend Gäste aus dem Osten und Norden auf. Was der Jäger entnimmt, hat auf die Zahl der durchziehenden Enten sicher keinen Einfluss. Damit erübrigen sich alle Gedanken über eine Zählung. Der Vollständigkeit halber sei erwähnt, dass es alljährlich an fixen Terminen internationale Wasservogelzählungen der Ornithologen gibt. Diese sollen Aufschluss geben über die Bestandtrends und das Wanderverhalten der einzelnen Arten.
Was für die Enten gesagt wurde, gilt ebenso für die Ringeltauben. Es ist einfach unmöglich – und vor allem auch unnötig – die im Feld draußen beobachteten Tauben irgendwelchen Revieren zuzuordnen. Ringeltauben können invasionsartig bei uns erscheinen, etwa in Jahren guter Eichelmast. Auch die Waldschnepfen sind nicht erfassbar, jedenfalls nicht die Brutbestände. Allenfalls lassen sich – aber dazu müssten wir täglich im Revier sein und für diese Aufgabe Zeit haben – die ziehenden Herbstschnepfen zählen. Daraus ließe sich eventuell über die Jahre hinweg ein Trend feststellen. Aber er wäre weder von jagdpraktischer Relevanz noch wissenschaftlich zu verwerten.

Literaturverzeichnis

Briedermann, Lutz; 1993: Unser Muffelwild, Neumann-Neudamm, Morschen-Heina.
Bützler Wilfried; 1986: Rotwild, BLV Verlagsgesellschaft, München.
Deutz, A., Gressmann, G.; 2001: Gams & Steinwild, Leopold Stocker Verlag, Graz.
Elsbergen Heino van; 1996: Viele Jäger sind des Hasen Tod, Rheinisch-Westfälischer Jäger 10/96, Münster.
Hennig, Rolf; 2001: Schwarzwild, BLV Verlagsgesellschaft, München.
Haastick, Karl-Heinz; 1994: Wo stecken die Hasen?, Niedersächsischer Jäger 5/94, Hannover.
Hespeler, Bruno; 1988: Rehwild heute, BLV Verlagsgesellschaft, München.
Hespeler, Bruno; 1995: Jagd 2000, Nimrod Verlag, Bothel.
Hespeler, Bruno; 2000: Hege und Jagd im Jahreslauf, BLV Verlagsgesellschaft, München.
Kalchreuter, Heribert; 1991: Rebhuhn aktuell, Verlag Dieter Hoffmann, Mainz.
Klansek Erich und Vavra, Ilse; 1993: Besatzermittlung und Bejagungsplan beim Feldhasen, Österreichs Weidwerk 3/93, Wien.
Mehlitz, Siegfried; 1988: Damwild in Buch der Hege, VEB Deutscher Landwirtschaftsverlag, Berlin.
Müller-Using, D.; 1954: Diezels Niederjagd, Verlag Paul Parey, Hamburg.
Neuhaus, A. H. u. Schaich, K.; 1977: Das Rehwild, Verlag Paul Parey, Hamburg.
Pegel, M.; 2001: Erfassung von Feldhasenbeständen – Scheinwerfertaxation, Institut für Wildtierforschung an der Tierärztlichen Hochschule Hannover.
Pegel, M. u. Seitler, S.; 2002: Zur Besatzsituation des Feldhasen in Baden-Württemberg, WFS-Mitteilungen, Aulendorf.
Petrak, Michael; 1987: Zur Ökologie einer Damhirschpopulation..., Enke Verlag, Stuttgart.
Petrak, Michael; 1998: Auch Rotwild lässt sich zählen, Rheinisch-Westfälischer Jäger 2/98.
Prandl, Friedrich; 1992: Hasenhege aus ökologischer Sicht, Die Pirsch 21/92, München.
Prien, S., Peukert, R., Telle, R.; 1988: Muffelwild in Buch der Hege, VEB Deutscher Landwirtschaftsverlag, Berlin.
Reulecke, Kurt: 1988: Das Rotwild, Verlag Paul Parey, Hamburg.
Salm, Urs u. Schnidrig-Pedrig; 1998: Die Gemse, Salm Verlag, Bern.
Spittler, Heinrich; 1989: Feldhase örtlich stark zurückgegangen, Rheinisch-Westfälischer Jäger 1/89, Münster.
Spittler, Heinrich; 1997: So jagt man Hasen, Rheinisch-Westfälischer Jäger 10/97, Münster.
Stubbe, Christoph; 1988: Rehwild, in Buch der Hege, VEB Deutscher Landwirtschaftsverlag, Berlin.
Tottewitz, Frank und Stubbe, Christian; 1998: Losungszählmethode und Monitoringsystem, Allgemeine Forstzeitschrift, Stuttgart.
Türcke, F. u. Schmincke, S.; 1965: Das Muffelwild, Verlag Paul Parey, Hamburg.
Ueckermann, E.; 1956: Das Damwild, Verlag Paul Parey, Hamburg.
Vonansky, M. u. Mühlhansl, I.; 2001: Hege tut Not, Die Pirsch 2/03, München.
Wölfel, H. u. Reinecke, H.; 1998: Auswertung der Schalenwildstrecken Niedersächsischer Forstämter aus den Jagdjahren 1994/95 und 1995/96, Institut für Wildbiologie und Jagdkunde der Universität Göttingen.
Wölfel, Helmuth; 1998: Mit Traditionen brechen, Jäger 8/98, Hamburg.
Wölfel, Helmuth; 1999: Turbo-Reh und Öko-Hirsch, Leopold Stocker Verlag, Graz.
Zeitler, Hubert; 1992: Wildbiologische Splitter, Österreichs Weidwerk, Wien.

Stichwortverzeichnis

Vom selben Autor bereits erschienen:

Jagdwissen auf einen Blick
Schneller Zugriff auf alle Fakten: das Kompaktwissen auf einen Blick zu allen Jagdbereichen – komprimiert, fundiert und übersichtlich, für den Praktiker ebenso geeignet wie für Jungjäger, Ausbilder und Prüfer.

Raubwild heute
Bestandsaufnahme zur Situation der Raubwildarten Mitteleuropas: Biologie, Lebensweise, Verbreitung, Zukunftsperspektiven, Jagdmethoden, Einfluss der Jagd auf die Bestände und vieles mehr.

Wildschäden heute
Wildschadenserfassung und -bewertung, anwendbar für Deutschland und Österreich, die Schweiz und Südtirol; Wildschäden erkennen, Verursacher bestimmen, Beweise sichern und die richtigen Abwehrmaßnahmen treffen.

Rehwild heute
Zeitgemäße Denkmodelle – basierend auf neuesten wildbiologischen Erkenntnissen und bewährter Jagdpraxis – zu Lebensraum, Rehwildjagd und -hege; Alternativen zu herkömmlichen Jagdmethoden.

BLV Jagdpraxis
Vor und nach dem Schuss
Pflichtlektüre für jeden Jäger: fundiertes Kompaktwissen rund um Kaliber, Abkommen, Schusszeichen und Nachsuche beim Schalenwild – praxisgerecht vermittelt mit vielen Abbildungen.

BLV Jagdpraxis
Wasserwild
Schaffung und Pflege geeigneter Lebensräume für Wasserwild; Biologie: Mauser, Gelege, Jungenaufzucht usw.; sinnvolle Bejagung, Bejagungsarten, Arbeit der Jagdhunde.